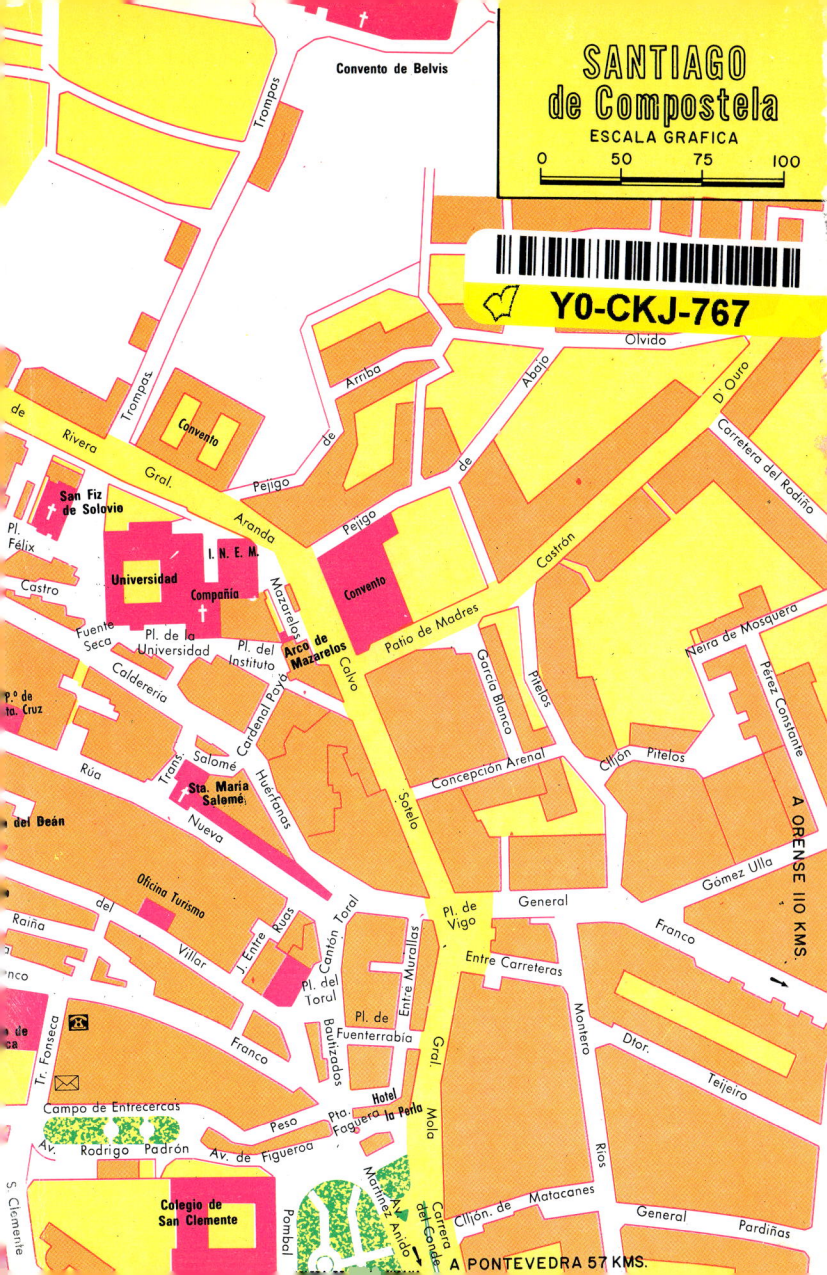

«El Apóstol, fino, cortés, acoge en el Pórtico de la Gloria...» (Otero Pedrayo). ▸

Tel. (987)
23-66-00
Pza. San
Isidoro, 4
APARTADO 126
LEÓN (ESPAÑA)

QUINTA EDICION

Reservados todos los derechos.
Prohibida la reproducción, total o parcial.
de cualquiera de las partes de este libro.
Impreso en España. Printed in Spain.
© by EDITORIAL EVEREST, S. A. - LEON
ISBN 84-241-4269-1
Depósito legal: LE- 429 -1982

EVERGRAFICAS, S. A. - Carretera León-Coruña, km. 5 - LEON (España)

EL CAMINO DE SANTIAGO

Textos: EUSEBIO GOICOECHEA ARRONDO
De la Asociación:
«Los Amigos del Camino de Santiago»

Fotografías: Eusebio Goicoechea Arrondo
Oronoz
Francisco Díez
Manuel Viñayo
Nistal
Juan M. Ruiz
Ciganovic
Luis Pastrana
Armando Ramos
Archivo Everest

Realización Artística: Carlos J. Taranilla

 EDITORIAL EVEREST, S. A.
MADRID • LEON • BARCELONA • SEVILLA • GRANADA
VALENCIA • ZARAGOZA • BILBAO • LAS PALMAS DE GRAN
CANARIA • LA CORUÑA – MEXICO • BUENOS AIRES

PROLOGO

Entre las modernas Rutas Turísticas no puede ni debe de faltar el CAMINO DE SANTIAGO. El fue y debe ser la primera Ruta de Europa: Camino de Santiago-Camino de Europa.

Grande ha sido el acierto de Editorial EVEREST al darse cuenta de la importancia turística —además de la importancia artística y religiosa— que tiene este Camino Jacobeo, que fue origen de la «Primera Vía Turística de Europa». Hubiera sido grave error no incluir en una Colección de Guías Turísticas esta del Camino de Santiago.

Porque este Camino por el que vinieron a España millones de europeos, africanos y asiáticos; este Camino que fue vehículo de arte y cultura; de comercio y de progreso; este Camino que tanto influyó en la unión de Europa, bajo el denominador común de la Cultura Occidental —que no es otra cosa que el cristianismo—; este Camino milenario debe, con el esfuerzo de todos, renovarse y rejuvenecerse cada vez más. No es algo viejo —que se tira— sino algo antiguo que se guarda con veneración. Son muchas las riquezas de todo orden que nos puede demostrar..., y no es la más insignificante, en esta época de materialismo, el ponernos en contacto con ideales grandes que eleven y espiritualicen al hombre moderno.

Su autor, Eusebio Goicoechea Arrondo, conoce bien el Camino, sus rutas físicas, sus veredas artísticas y sus meandros espirituales. Su preparación y su tesonero esfuerzo, tras recorrerlo una veintena de veces, máquina al hombro y botas gruesas en los pies cansados, han dado por fruto este trabajo. El presente Libro es un resumen y adaptación de otro más amplio y completo de «Los Amigos del Camino de Santiago, de Estella». Nuestra obra completa consta de:

a) Tres Series audiovisuales con un total de 252 diapositivas en color; unos comentarios histórico-artísticos, grabados en cinta magnetofónica, sincronizada con las diapositivas, con el aliciente de un fondo musical que constituye a la vez un documento sonoro por su valor y esmerada selección.

b) Un libro en el que se explica, la historia de la peregrinación; el arte de la peregrinación y los caminos de la peregrinación.

c) Plano cartográfico del Camino —32 páginas— que se edita por primera vez, con el fin de orientar a quienes deseen recorrerlo a pie o seguirlo lo más cerca posible, en automóvil.

¡Ojalá que ambas obras, la que acabo de indicar y esta Guía que Editorial Everest ha tenido el acierto de incluir en su admirable Colección, cumplan con su finalidad turística y religiosa, incitándonos agradablemente a ponernos en Camino hacia Compostela!

FRANCISCO BERUETE

Presidente de «*Los Amigos del Camino de Santiago*» de Estella

HISTORIA DE LA PEREGRINACIÓN

PEREGRINAR

Peregrinación es un viaje hacia un lugar santo en que se manifiesta de un modo particular la presencia de un poder sobrenatural.

Desde la prehistoria han existido lugares de peregrinación: Mathura y Benares para los hindúes; el sepulcro de Confucio para los chinos; Delfos y Olimpia para el mundo helénico; Jerusalén para los hebreos; la Meca y la tumba de Mahoma en Medina para los musulmanes.

Los *primeros cristianos* profesaron particular devoción a los Santos Lugares, santificados por Jesucristo, y a los Santos Mártires, especialmente a los más allegados al Maestro: Pedro, Santiago, Andrés... Jerusalén, Roma y Santiago de Compostela son los tres vértices del gran triángulo medieval, meta preferida de las peregrinaciones cristianas.

UN SEPULCRO

Herodes Agripa «quitó la vida con la espada a Santiago, hermano de Juan», según nos dice S. Lucas.

Sus discípulos trasladan las preciadas reliquias a España, a Iria Flavia, hoy Padrón, en las costas gallegas, depositándolas finalmente en lo que siglos más tarde sería Santiago de Compostela.

Las continuas guerras y la invasión de los bárbaros obligaron a los cristianos a ocultar sus reliquias, cuyo recuerdo se enmohece por el lento transcurrir de los siglos.

En la novena Centuria, tras milagrosas señales, se descubre su sepulcro. La noticia vuela por los campos de Castilla, brinca los Pirineos y se desparrama por Europa entera: el acontecimiento condiciona en gran parte la historia de España y hasta de Europa.

A mediados del s. IX la noticia aparece en Martirologios fuera de España y su eco lo oímos en el poeta árabe Algazel que en 845 llama a Compostela «la Kaaba de los cristianos».

Las últimas excavaciones arqueológicas efectuadas desde 1946, bajo el pavimento de la Catedral compostelana, corroboran científicamente los datos históricos sobre el sepulcro del Apóstol y su autenticidad. Los ojos del s. XX se han agrandado, asombrados, ante las tumbas romanas y muros de la misma época; ante una necrópolis paleocristiana, sarcófagos suevos y restos de la iglesia levantada en el s. IX por Alfonso III; ante la lauda sepulcral de Teodomiro, Obispo de Iria Flavia en la época del descubrimiento del

Jerusalén. Meta primera y preferida de las peregrinaciones cristianas.

Roma. Imán poderoso que atrae hacia la tumba de San Pedro a los «romeros» de todo el mundo.

Lauda sepulcral de Teodomiro, hallada en las últimas excavaciones de la Catedral compostelana.

Santiago de Compostela. Urna de las reliquias del Apóstol: «Sancta Sanctorum» de Compostela.

sepulcro apostólico. Esta lauda de Teodomiro destruye por la base argumentos de críticos severos contra la autenticidad de las reliquias.

El sepulcro de Santiago es el origen y la meta de las Peregrinaciones jacobeas. Aun prescindiendo, por un momento de todas las pruebas documentales y arqueológicas en favor de su autenticidad, queda un hecho histórico indiscutible: **las peregrinaciones a Compostela,** que con su enorme carga histórica forman un trazo firme, indeleble, en el libro de la historia. Negar o menospreciar la existencia y la influencia de las peregrinaciones, so pretexto de falta de documentos para probar la autenticidad de las reliquias apostólicas, sería impropio de un ser racional. La fe y los sacrificios de miles y miles de peregrinos que han recorrido el Camino de Santiago, y todo el arte y el desarrollo cultural y económico que el peregrinaje ha producido, han convertido a Compostela y su Camino en un lugar sagrado y en un hecho de innegable trascendencia histórica y artística.

PEREGRINOS

Hoy no comprendemos la conmoción universal que produjo el hallazgo de las reliquias de Sant Yago... Para el espíritu medieval las reliquias suponían un tesoro, un talismán. El hombre del medievo, eminentemente religioso, consideraba la vida como una búsqueda de Dios, anhelante, acuciante, que a veces es la razón de su existencia. Las reliquias le ponían en contacto casi material con la divinidad, con su salvación. Sin esta idea es imposible comprender en toda su profundidad el hecho histórico y trascendente de las peregrinaciones.

Gotescalco, obispo francés, es el primer peregrino extranjero conocido que llega a Compostela. Fernán González, el Cid, Luis VII de Francia, Eduardo I de Inglaterra, Juan de Brienne —Rey de Jerusalén—, la princesa sueca Ingrid, Isabel de Portugal, un arzobispo de Nínive, los peregrinos de Lieja —dirigidos por Roberto en 1056—, los que salieron de Dantzig en 1378, el pintor flamenco Juan Van Eyck, Domingo de Guzmán, Raimundo Lulio, Juan de Austria, los Reyes Católicos, Carlos V, Felipe II...; Juan XXIII en 1908, y luego en 1954 siendo Nuncio Apostólico en París..., y tantos otros peregrinos anónimos... son estrellas luminosas que han formado sobre los lomos de Europa ese Camino de Santiago, émulo y reflejo de su otra ruta hermana, la galaxia resplandeciente de la Vía Láctea.

Algún Papa —sucesor de San Pedro— pondrá, quizá, broche final, viniendo a visitar a Santiago en Compostela... La invitación española no es de hoy solamente: es mucho más antigua de lo que pudiéramos sospechar, pues ya la cursaba una canción de peregrinos, una «canción de ciego»: el «alalá», grito típico celta, horadó los aires de España y se postró de rodillas ante el Papa invitándole al Jubileo o Año Santo Compostelano:

> *"O alalá foi a Roma*
> *o alalá foi e veu;*
> *foi decirlle o Padre Santo*
> *que viñese o xubileu."*

Y España entera, como un inmenso coro griego, responde con un sonoro estribillo: «Amén. Así lo esperamos. Así sea.»

HABITO DEL PEREGRINO

La estampa clásica del peregrino aparece en muchas representaciones escultóricas y pictóricas a lo largo del Camino de Santiago, en obras literarias y en cantos de peregrinos.

Sombrero de ala ancha para protegerse del sol y de la lluvia.

Amplio abrigo con esclavina para defenderse de la nieve y el frío.

Calzado fuerte, que larga era la jornada y duro el caminar.

Bordón robusto que les servía de apoyo en los pasos difíciles y en momentos de cansancio, y de protección contra perros y fieras.

Colgada del bordón o de la cintura, **la calabaza** que proporcionaba frescor de agua o vigor de vino para la ruta.

Zurrón o escarcela, despensa alimenticia o refugio bancario de ducados y maravedises.

Como insignia se adornaban con la **concha venera** en el sombrero, esclavina, escarcela...

ASISTENCIA AL PEREGRINO

Toda una red de asistencia al peregrino cubrió los caminos hacia Compostela.

La **asistencia religiosa** se prestaba en las iglesias, ermitas, monasterios, catedrales.

La **asistencia jurídica** había creado leyes protectoras contra ladrones, posaderos y señores feudales.

La **asistencia hospitalaria** había organizado hospederías, hospitales y cementerios para atender todas las necesidades. A veces usaban con el peregrino delicadezas y refinamientos propios de nuestro tiempo: les afeitaban a navaja, les cortaban el pelo, les proporcionaban agua caliente para «escaldar» la ropa e incluso para asearse y bañarse; se encendía fuego en invierno... La ordenanza de la Cofradía de Zapateros de S. Martín, en Astorga, permitía trabajar en domingo si se trataba de arreglar zapatos a los peregrinos. Las comidas eran abundantes y gratuitas: además de pan, vino, queso, carnes, verduras y pescados, se habla en las «guías» de huevos y cocido; de «potaxe» en El Cebrero (Galicia); de bacalao en Pamplona; y de sidra en el país vasco, en Asturias y Galicia...

Si caían enfermos, se les atendía hasta curarlos; y si morían había cementerios donde se les enterraba dignamente con asistencia obligatoria de los cofrades o cabildos.

La **asistencia técnica** mejoró los Caminos, tendió puentes, cuidó los pasos montañosos, a veces con obras ingeniosas: En Arbas, Puerto de Pajares, se abría paso en la nieve «por debajo, dejando bóvedas formadas y abriendo el camino de dos y tres varas de hondo, sin que por eso se llegase a la tierra»... ¡Sin duda, los actuales túneles de cemento para el paso del ferrocarril en Pajares no son una idea tan original y moderna como pudiera parecer...! Las Ordenes de Santiago y del Temple vigilaban los Caminos protegiendo, incluso militarmente, a los indefensos jacobitas. Dentro de esta asistencia técnica, la Guía de Peregrinos, del s. XII fue un valiosísimo auxiliar durante el largo caminar hacia Compostela.

LA PRIMERA GUÍA TURISTICA Y LA PRIMERA AGENCIA DE VIAJES

El llamado «Codex Calixtinus» precioso manuscrito miniado, de la primera mitad del s. XII, conservado en el Archivo de la Catedral de Compostela, puede honrarse con el título de **PRIMERA GUÍA TURÍSTICA EUROPEA.** En su libro V, cuyo autor o compilador se cree fue el francés Aimerico Picaud, hallamos una descripción completa de la ruta religiosa y turística que se llamó «Camino Francés». Nos señala las etapas, las distancias, los pueblos, santuarios y monumentos del trayecto, incluyendo —cosa entonces de máxima utilidad— observaciones sobre gastronomía y sobre potabilidad de las aguas. Nos advierte que no debemos beber en el río Salado (Navarra), pues es mortífero. Del agua de Estella nos dice que es muy sana, buena y agradable; y es curioso que este dato haya sido corroborado ocho siglos más tarde por el Instituto Provincial de Sanidad de Navarra.

Burgos. Puerta de nogal de la iglesia de Hospital del Rey, auténtico poema de la peregrinación.

También nos transmite precisas y preciosas indicaciones sobre el carácter y costumbres de los pueblos: el pequeño vocabulario vasco que nos transcribe el Códice Calixtino es precisamente el primer testimonio escrito de esta lengua; también nos habla de las excelencias del vino de la Rioja y del Bierzo.

¡Claro que con frecuencia Aimerico Picaud no desmiente su condición, su preferencia francesa: El amargo recuerdo de la derrota carolingia en Roncesvalles a manos de los vascos, destila hiel sobre las tierras y el carácter de los navarros. Su patria francesa (concretamente la Saintonge) es, en cambio «la mejor del mundo». Las canciones de peregrinos recogen este mismo sentir: «le meilleur pays du monde», canta una de ellas. Y a España —aunque en sentido peyorativo— se le aplica el moderno «slogan» turístico— ¡no tan moderno, por consiguiente! —de «España es diferente»: «C'est un étrange pays»—.

La Orden de Cluny organizó técnicamente la peregrinación y fue la inspiradora de la «Guía del Códice Calixtino». Esta Orden fue, en realidad, la **primera agencia de propaganda** en Europa.

PICARESCA DE LA PEREGRINACIÓN

No todo era oro de ley. Frente a la caridad con el Peregrino vivió la explotación, incluso organizada, los malos tratos y las malas artes. Las triquiñuelas usadas por los posaderos son dignas hermanas de la más exquisita picaresca de rufianes y bribones: les daban a probar un vino excelente y después les vendían el peor, «picado de tres días». Antes de sacar vino, ponían agua en el jarro. Utilizaban medidas falsas, sobre todo las llamadas «marsicias», usadas para el vino y la avena que, pareciendo enormes por fuera, por dentro tenían poca cabida real. A veces les emborrachaban o servían bebidas aletargantes para poder robarles con facilidad. Cuando había aglomeración de peregrinos en Compostela, sobre todo en los Años Jubilares, les exigían primas por la reserva de habitación, dándosela luego a otro si ofrecía más que el primero. El Fuero de Estella de 1164 y el de Burgos contienen muchas disposiciones para proteger al peregrino contra los robos en las posadas.

◄ *Junto a la venerada Cámara Santa de Oviedo, el cementerio de Peregrinos.*

ARTE EN LA PEREGRINACIÓN

El arte románico es el «arte de la Peregrinación». Las peregrinaciones y la Orden de Cluny contribuyeron decisivamente a su difusión convirtiéndose en un arte sin fronteras, un arte internacional.

Arquitectura.—Las necesidades de la peregrinación crearon un tipo peculiar de arquitectura que se repite a través de todo el Camino. Estas «iglesias de la peregrinación» presentan, en su conjunto, una feliz solución al problema de dar cabida a grandes multitudes y facilitar su circulación para venerar las diversas reliquias en ellas depositadas. Las tribunas abiertas al interior de la nave central en todo su recorrido y la girola o deambulatorio con una corona de capillas radiales, permiten el continuo trasiego de las multitudes.

Escultura.—En el arte románico, la escultura tiene primordialmente un sentido didáctico, de enseñanza religiosa, directamente o a través de simbolismos. El arte románico es un arte mucho más profundo de lo que generalmente se cree; pero es necesario penetrar en el significado de sus símbolos para poder comprender y gustar plenamente su belleza y hondura de expresión. La figura humana predomina en ella. Esta escultura se explaya y ofrece sus mejores creaciones en las iglesias —portadas y capiteles— y en los claustros —capiteles y machones angulares—, sin que menospreciemos la variedad y fino sentido humorístico que se reflejan en canecillos e impostas.

Pintura.—La pintura románica —como la escultura— se orienta fundamentalmente a la instrucción religiosa. La función decorativa prevalece sobre el naturalismo de las figuras y tiende hacia la esquematización y el hieratismo mayestático. España ha producido los ejemplares más valiosos de pintura románica, heredera de nuestras famosas escuelas de códices miniados y de marfiles. Dentro del Camino de Santiago hallamos las pinturas del Panteón de S. Isidoro de León, llamado con justicia «la Capilla Sixtina del románico».

Música.—No podía faltar, en la cita universal del arte en el Camino de Santiago, la música que comienza allí donde terminan las demás artes. El canto de la multitud y la armonía o polifonía, llevan en sus mismas entrañas un mensaje de unión y de concordia. S. Agustín y S. Isidoro afirman que el canto multitudinario realiza la idea de comunión.

Como dice don José Miguel Ruiz Morales, «andando y **cantando** se hizo, de veras, la unidad de Europa y ello acaeció sobre los Caminos que conducían a Santiago».

Torres del Obradoiro, retablo en piedra y arco triunfal en honor de Santiago.

San Martín de Frómista. Ejemplo perfecto de la belleza del arte románico y paradigma de su plural posibilidad de expresión (siglo XI).

Madrid. Museo Lázaro Galdiano. «Traslación del cuerpo de Santiago», tabla del Maestro de Astorga (siglo XVI).

El **Códice Calixtino** constituye el primer elenco de cantos de la peregrinación y uno de los monumentos musicales más importantes. Destacan entre ellos, el canto de peregrinos «Dum Paterfamilias», más conocido por «Ultreia»; y el «Congaudeant catholici», que es la composición, para 3 voces reales, «más científica entre las conocidas de Europa medieval» (Higinio Anglés) y desde luego la más antigua que conocemos.

Alfonso X el Sabio dedicó varias de sus «Cantigas» a temas jacobeos, ensalzando los milagros que la Virgen obraba con los peregrinos en dos de los santuarios marianos ubicados en plena ruta jacobea: Villasirga y Virgen del Manzano.

En Moissac se hizo una **colección de cantos peregrinos** que recogía los más usados y preferidos como la «Gran Canción», conocidísima composición itinerante que va señalando las etapas del Camino y dando consejos útiles para el viaje.

Los peregrinos se proveían de libros de cantos, de **cancioneros y hojas volantes** con los textos literarios —y hasta con notación musical— que les servían de «Guías», de alimento espiritual y de solaz en las horas interminables de la marcha.

Iconografía de Santiago

El arte románico —y luego el gótico, el renacentista y el barroco— nos ofrece una particularidad esencialmente jacobea: la iconografía del Apóstol.

Las **primeras representaciones** nos lo presentan sin atributo especial que lo distinga de los demás Apóstoles: así, en la Portada de las Platerías, en el Códice Calixtino...

El **primer Santiago peregrino**, con escarcela, concha y bordón, es el de Sta. Marta de Tera (Zamora), abadía muy famosa ya en el s. XII. Uno de los más interesantes es el Santiago Peregrino de Puente la Reina (Navarra), llamado familiarmente el «Beltza» (el Negro). El Santiago del parteluz, en el Pórtico de la Gloria, no parece que sea representación de Santiago como peregrino que camina, sino más bien como el gran Patrón que recibe a sus devotos. Existen contados ejemplos de **Santiago peregrino a caballo** —distinto del Matamoros— de gran ingenuidad: el del Museo de los Caminos, en Astorga, otro en Vitoria... A veces aparece **Santiago como Peregrino genuflexo, arrodillado:** así en una tabla del Coro en la Catedral de Burgos, postrado a los pies de la Virgen del Pilar, y en la iglesia de Iria Flavia (Padrón) arrodillado ante la Virgen.

También le vemos representado como **Doctor o Evangelizador** que enseña la doctrina recibida de Cristo, como en la estatua del Museo de S. Marcos en León.

Catedral compostelana. Santiago Caballero, talla atribuida al escultor Gambino (siglo XVIII).

Puente la Reina. Una de las más bellas imágenes de Santiago Peregrino (siglo XIV). ▶

◄◄ *Santa Marta de Tera (Zamora). Primera representación conocida de Santiago Peregrino (siglo XI).*

◄ *Santiago Peregrino venerado en la Peña de Francia (Salamanca).*

Lérida. Iglesia de San Lorenzo. Imagen gótica de Santiago Peregrino (siglo XV).

De Evangelizador pasa a ser Mantenedor de la fe contra los enemigos: es el **Santiago Matamoros.** El tímpano de Clavijo de la Catedral compostelana y el grandioso —aunque algo deforme— de la portada de Santiago, en Logroño, son dos ejemplos entre la abundantísima iconografía de Santiago Matamoros.

Esta idea del Matamoros se aplicó a dos santos: **S. Isidoro y S. Millán Matamoros** que son la competencia, a lo divino, del Apóstol debelador de los enemigos.

Distinto del Santiago Peregrino y del Matamoros, es el **Santiago del Espaldarazo,** del Monasterio de las Huelgas, que con su brazo articulado daba el espaldarazo a los reyes, armándoles Caballeros para la cruzada contra los musulmanes.

Y como derivación del fervor de la peregrinación debemos citar la representación de **Jesucristo como Peregrino** —en la escena de Emaús en Silos, y en un relieve de León, procedente del convento de Agustinas— y la de la **Virgen Peregrina,** como la vemos en Pontevedra y en Sahagún: el rostro de la Divina Romera refleja los soles de todos los Caminos; en el extremo de su bordón se balancea la calabaza que manos angélicas, al quebrar albores, llenaron de agua en una de las fuentes del Paraíso.

Monasterio de Silos (Burgos). Jesucristo Peregrino, en el relieve de los «Discípulos de Emaús».

◀ *Santiago Matamoros, en el tímpano de Clavijo de la Catedral compostelana (siglo XII).*

San Agustín levando los pies a Cristo Peregrino. Zaguán del Palacio de los Guzmanes, en León.

Sahagún. La Virgen en atuendo de Peregrina.

CAMINOS PARA LA PEREGRINACIÓN

A.—En Francia

Toda Europa se convirtió en Camino hacia Santiago... La corriente peregrina procedía de los más apartados rincones: Inglaterra, Escandinavia, Rusia, Turquía y Grecia, Egipto y Abisinia y hasta la lejana India misteriosa. Los ríos de la peregrinación afluían a Francia donde, a través de cuatro arterias principales, llegaban en caudalosa corriente hasta el Pirineo. La **Vía Tolosana**, procedía de Arles, y a través de Montpellier, el Languedoc y Toulouse, penetraba en España por Somport. La **Vía Podense** —Le Puy, Conques y Moissac—; la **Lemosina** —Vézelay, Limoge y Périgueux—, y la **Turonense** —París, Orléans, Tours, Poitiers y Burdeos—, se unían en Ostabat, desde donde los peregrinos proseguían su caminar hacia el Pirineo, penetrando en España por Roncesvalles.

B.—En España

Además del «Camino francés», por Burgos, Carrión de los Condes, León, El Cebrero y Portomarín, que llamamos por antonomasia —y de forma tal vez demasiado exclusivista— «Camino de Santiago», existen en España otras rutas de peregrinos que en modo alguno conviene olvidar.

1) Ruta de la Costa Cantábrica

Tal vez sea la más primitiva. Los peregrinos penetraban en España por Irún y proseguían por Hernani, Zumaya, Guernica, Bilbao; Castro Urdiales, Laredo, Sta. Cruz de Castañeda, Torrelavega, S. Vicente de la Barquera; Ribadesella, Oviedo, La Espina, Luarca, Lugo y Santiago. Naturalmente había sus variantes. Algunos peregrinos seguían parcialmente esta ruta y subían desde Oviedo a León por Pajares y Arbas. La peregrinación a S. Salvador de Oviedo estuvo siempre unida a la compostelana. Conocidos son los versos de antiguas canciones:

> *"Quien va a Santiago*
> *y no al Salvador*
> *visita al criado*
> *y deja al Señor".*

Tampoco podemos olvidar la ruta seguida por muchos pere-

La Cámara Santa de Oviedo, en el Camino de la «Costa Cantábrica».

grinos que procedentes de Hendaya continuaban por Beasain, Túnel de S. Adrián, Vitoria, Miranda de Ebro, Pancorbo, Briviesca y Burgos, donde se unían a los que procedían de Roncesvalles y Somport.

2) Vía de la Plata

También acudían a Santiago españoles que habitaban territorios dominados por los árabes en el sur y cristianos de tierras salmantinas y extremeñas, recién conquistadas.

La Vía de la Plata, fabulosa obra de ingeniería romana, era la arteria principal, sobre todo desde que Fernando III conquistó Córdoba, Jaén y Sevilla a mediados del s. XIII. Este rey hizo devolver a Compostela las campanas que Almanzor llevara a Córdoba. En 1062, en tiempos de Fernando I fue trasladado por esta Vía el cuerpo de S. Isidoro desde Sevilla a León.

Desde la ciudad del Betis los caminantes venían por Mérida, Plasencia —cuyo hospital de Sta. María acogía desde el s. XIII a los peregrinos «por una noche»—, Baños de Montemayor, puerto de Béjar, Frades de la Sierra —patria de Gabriel y Galán— y Salamanca. Otros venían de Portugal por Ciudad Rodrigo pasando la frontera por el lugar, muy jacobeo, de S. Felices de los Gallegos. Unos y otros solían visitar el Santuario de la Peña de Francia. Desde Salamanca proseguían a Zamora. Desde aquí unos peregrinos continuaban por Sanabria, Verín y Orense; otros llegaban, a través de Granja de Moreruela y Benavente, hasta Astorga donde se unían a los que venían por el Camino francés.

3) Cataluña y Aragón

Los peregrinos que desembarcaban en Tarragona o Barcelona, y los que procedían de la frontera pirenaica que bajaban por Gerona o por Ripoll se reunían en Lérida, después de visitar Montserrat, o Santas Creus y Poblet. Desde Lérida proseguían por los Monegros hasta Zaragoza, la ciudad del Pilar; y por Tudela y Calahorra se unían en Logroño a los que venían por el «Camino francés».

4) Rutas del mar

Sabemos de muchos peregrinos que desembarcaban en diversos puertos de la costa española del Norte y continuaban por los caminos que antes hemos descrito en la Ruta de la Costa Cantábrica. Particularmente importantes fueron las rutas marítimas que se iniciaban en Inglaterra, Irlanda y hasta en países nórdicos y fi-

En la «Vía de la Plata», nos encontramos con la primera cita de reliquias de Santiago, en esta lápida de consagración de la iglesia de Santa María de Mérida (siglo VII).

Iglesia románica de San Martín de Castañeda, en el «Camino de Zamora a Orense».

Iglesia de Santiago, en La Coruña (siglo XIII), que acogía a peregrinos que surcaban las «Rutas del Mar».

nalizaban en los puertos de La Coruña, Noya y Padrón. Desde estos puertos —con monumentos de gran sabor jacobeo— proseguían su camino, tierra adentro, hacia Compostela.

5) **Camino Francés**

Pero el Camino más concurrido, el más investigado por los autores, el más señalizado en «Guías» y canciones es el llamado Camino francés y que denominamos por antonomasia EL CAMINO DE SANTIAGO.

Tres grandes secciones o tramos podemos distinguir en él:

I.—**Camino navarro:** Desde el Pirineo a Nájera.
II.—**Camino castellano-leonés:** Desde Sto. Domingo de la Calzada a Foncebadón.
III.—**Camino gallego:** Desde Ponferrada a Santiago de Compostela, Padrón y Finisterre.

Seguimos aquí la misma división adoptada en nuestra obra audio-visual del Camino, donde pueden hallarse comentarios más **amplios** y precisiones de interés (1).

---

1 *El Camino de Santiago*. Tres series audiovisuales de 252 diapositivas en color, cinta magnetofónica, libro histórico-artístico y cartografía del Camino «Los Amigos del Camino de Santiago», Estella (Navarra).

El Pilar de Zaragoza. «Camino de Cataluña y Aragón».

◄ *Lérida. Capilla «del peu del Romeu», en el «Camino de Cataluña y Aragón».*

CAMINO NAVARRO (Del Pirineo a Nájera)

Ostabat

Tres de las cuatro grandes rutas francesas convergían en **Ostabat,** apacible aldea de la Baja Navarra, que conoció el trasiego multitudinario de peregrinos medievales: Reyes, santos, monjes y aldeanos, juglares y caballeros... éstos eran los peregrinos de toda Europa que atravesando las calles de Ostabat se dirigían hacia S. Juan de Pie de Puerto.

S. Juan de Pie de Puerto

En esta ciudad, capital de la Navarra hoy francesa, penetramos por la Puerta de Santiago, y por la calle de este mismo nombre descendemos hasta el río Nive, cuyas aguas retienen la imagen de la iglesia de Sta. María y de la Puerta de Nôtre Dame, torre donde lucen las cadenas de Navarra.

Desde el puentecillo, precisamente llamado Puente de España, podemos contemplar una casona de corrido balconaje sobre el río, símbolo de la raigambre vasco-navarra de esta tierra: la Casa de los Jaso, antepasados de aquel peregrino de Oriente, Francisco Javier.

Valcarlos

Cruzada la actual frontera y ya en Valcarlos, el recuerdo épico de Carlomagno nos inunda. El aire y los montes de este valle de Carlos —«Val-Carlos»— rezuman recuerdos densamente dramáticos del Emperador de la barba florida. Entre desfiladeros y robledales ascendemos, pasado Gañecoleta, hasta el Alto de Ibañeta. Desde las altas y altivas cumbres del Astobiscar, los vascones dieron con sus «irrintzi» y el ronco sonido de sus cuernos de buey salvaje, la señal de acometida. El 15 de agosto del año 778, descendiendo como cierzo violento entre hayas y robles machacaron a los francos en Roncesvalles. Roldán, los Doce Pares y la flor y nata del ejército de Carlomagno fueron el caro precio por la afrenta de Pamplona. En invierno, cuando ruge gimiendo el viento por tajas y desfiladeros de Roncesvalles, dicen que se escucha con asombrosa claridad el Olifante, aquel cuerno de marfil siciliano que Roldán hizo sonar con tal fuerza en petición de ayuda que lo reventó al mismo tiempo que estallaban sus pulmones... Y es que en Roncesvalles ¡hasta el aire se hace leyenda...!

Valcarlos. Pueblo en la ruta jacobea.

Roncesvalles. Vista parcial. Real Colegiata.

Una sencilla estela moderna recuerda en estas alturas al héroe cantado por juglares y evocado por peregrinos de la Edad Media de toda Europa.

No lejos de la estela de Roldán se yergue la Capilla alpina, construida por la Diputación Foral en 1965, sobre las ruinas del noble y real Monasterio de S. Salvador, que ya en el s. XI era «antiguo e importante». Su campana sonaba intermitentemente para guía de peregrinos perdidos en noches de invierno entre fragosidades y ventiscas, o amenazados por fieros lobos.

Puertos de Cisa

La otra ruta, más antigua, subía desde S. Juan de Pie de Puerto o desde S. Juan el Viejo, por S. Miguel, Magdalena de Orisson y Chateau Pignon hasta el paso de Leizarateca, actual frontera y tal vez el «Summum Pyrenaeum». Continuaba por el Collado de Bentartea, por la ladera del Changoa y del Astobiscar, salvando los puertos de Cisa y descendiendo hasta Ibañeta.

Roncesvalles

En la falda del monte, **Roncesvalles** semeja una aparición medieval entre hayedos y robledales. Debe su fama, además de la «Rota» de Carlomagno, a su **gran Hospital Real** y Hospedería de peregrinos, trasladados a este emplazamiento desde Ibañeta. «La Preciosa», documento importantísimo del s. XII, conservado en Roncesvalles, nos da entre otros muchos un dato interesante en su «Canto al Hospital».

> *"Abre sus cancelas a enfermos y sanos*
> *así a los católicos como a los paganos,*
> *judíos, herejes, mendigos y vanos,*
> *y a todos abraza como a sus hermanos".*

¡Maravillosa la caridad, sin límites terrestres ni fronteras ideológicas o religiosas: que si así no fuera, dejaría de ser caridad...!

Junto al Hospital, la gran Colegiata, presidida por la Virgen de Roncesvalles bajo baldaquino de plata repujada. Fue edificada en los primeros años del s. XIII por Sancho el Fuerte, el de las Navas de Tolosa, cuyo sepulcro se halla en la Capilla de S. Agustín, antigua Sala Capitular. La Colegiata es un monumento de estilo ojival primitivo, verdadera joya arquitectónica, ejemplar único en España del gótico típicamente francés. Tiene tres naves desiguales en altura y anchura. Columnas cilíndricas sostienen la bóveda sexpar-

Virgen de Roncesvalles, Patrona del Pirineo navarro.

tita y en el entrepaño de la nave alta corre un elegante triforio dividido en 10 balcones con 10 espléndidos rosetones. En suma: una joya elegante en su arquitectura, estilizada y fina en sus elementos y sobria en sus adornos, como gustaba al Santo Abad de Claraval.

En la capilla del Sto. Cristo existe un Crucifijo de tamaño natural, agonizante, de la escuela de Alonso Cano, maravilloso por su emoción y por su arte...; y a los pies de la Cruz, una magnífica Dolorosa, pequeña de tamaño pero grandiosa en su expresión.

El Museo y la Biblioteca de Roncesvalles albergan piezas de valor muy estimable: un relicario de esmaltes de Montpellier, denominado por su forma «Ajedrez de Carlomagno» y que es la mejor pieza de orfebrería medieval que posee el Museo. La Sagrada Familia, del Divino Morales; un tríptico atribuido al Bosco. Un cofrecillo gótico-mudéjar, de filigrana de oro, del s. XIII. Pixis de plata y oro del s. XI. La famosa esmeralda que lucía Miramamolín en las Navas de Tolosa, y que es una auténtica y fina esmeralda oriental de valor incalculable y una de las más grandes de España. Como curiosos objetos de la leyenda carolingia, las llamadas «mazas de Roldán», que son en realidad las mazas de guerra de Sancho el Fuerte; las así dichas «babuchas del Arzobispo Turpín»... etc.

La Capilla de Santiago, llamada en los documentos «iglesia de los peregrinos», es el monumento mejor conservado de Roncesvalles. **La Capilla de Sancti Spiritus** es la edificación más antigua. La leyenda la llama «Silo de Carlomagno» y supone que el Emperador mandó construirlo sobre la roca partida por Durindana, la espada de Roldán, prefecto de la Bretaña. En él estarían enterrados los Doce Pares de Francia bajo el signo de la Cruz. De forma cuadrada, era sencillamente el cementerio y osario de los peregrinos, el cementerio del gran Hospital. Nada más... pero ¡nada menos!

A la salida de Roncesvalles **la Cruz de Peregrinos** despide al caminante. Atravesamos Burguete, Espinal y Vicarret. El Camino se estira por el pueblecito de Larrasoaña, cuya calle única es a la vez Camino de Santiago. Dejando atrás el puente románico de la Trinidad de Arre sobre el Ulzama y pasado Villava, divisamos a lo lejos una gran ciudad...

Pamplona...

La vieja Iruña, capital del antiguo reino de Navarra... Atravesamos el puente románico de la Magdalena y a través del Portal de Francia, hoy llamado también de Zumalacárregui, en recuerdo de las guerras carlistas, penetramos en la ciudad acogedora, cabeza de un reino que influyó decisivamente en la consolidación definitiva del Camino de Santiago.

Tríptico de la Pasión.

Relicario de esmaltes o «Ajedrez de Carlomagno» (siglo XIV).

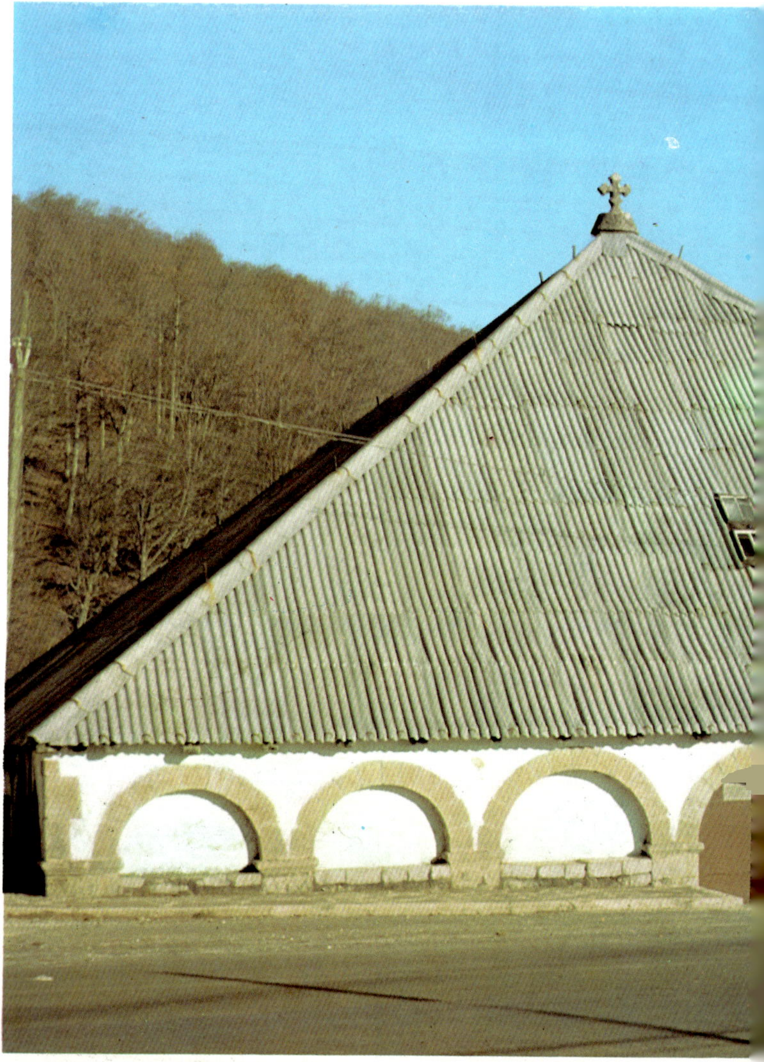

Iglesia de Sancti Spiritus o Silo de Carlomagno.

Iglesia de Santiago (siglo XIII).

Cruz llamada de los Peregrinos. ▶

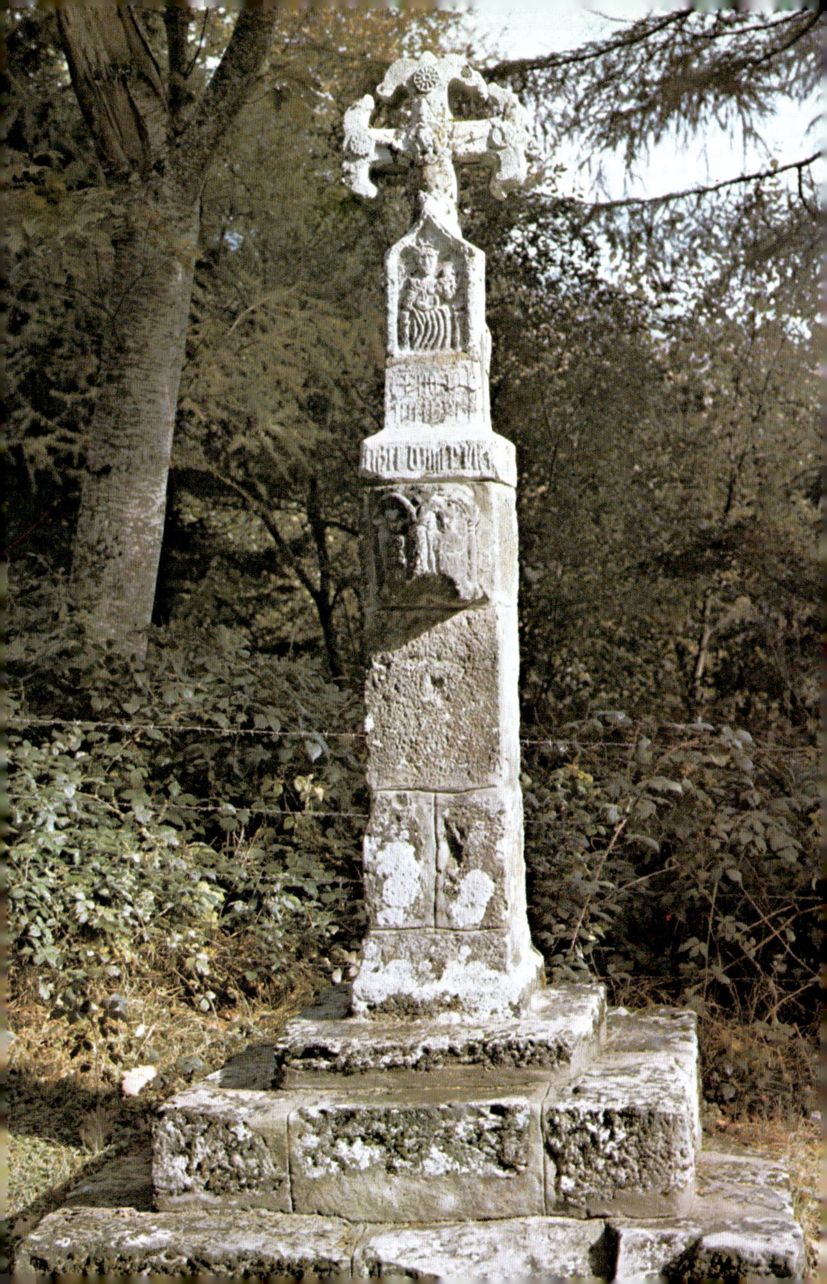

La catedral se yergue al N. de la ciudad. Se edificó sobre la antigua románica, consagrada en el s. XII, algunos de cuyos capiteles se conservan en el Museo de Navarra. Artísticamente lo más importante de la actual Catedral es el claustro del s. XIV, calificado por algunos tratadistas como la obra maestra del gótico en nuestra patria y como el más bello claustro de Europa entre los de su estilo. Junto a él se halla la cocina de peregrinos, con su techo abierto en cuatro chimeneas, más un tragahumos central. Aquí se preparaba la comida que diariamente se daba a los peregrinos. «Mientras se canta la Misa mayor —dice el peregrino Laffi— dan de comer a doce peregrinos en la misma puerta de la iglesia... y hacen ir a todos los peregrinos a la puerta de la cocina...» El mismo Laffi nos da un dato que corrobora la gran tradición musical de Navarra: «En la Catedral cantan a dos coros, de una parte músicos y de otra diversos instrumentos, arpas, cítaras, spinelas y muchas armonías con el órgano... y hacen una armonía tan grande y bella que se oye desde lejos.»

La iglesia **de San Cernin o San Saturnino,** construida en los siglos XIII-XIV, exhibe en su pórtico Norte una excelente estatua de Santiago Peregrino. Dignos de atenta visita son también la Cámara de Comptos, el edificio civil más interesante de Pamplona que conserva en su archivo valiosos documentos de la época de las peregrinaciones; el Museo de Navarra, que posee obras magníficas del arte producido en esta región; la iglesia de S. Nicolás, con aspecto de fortaleza; la de Santiago, llamada también de Sto. Domingo, con estatua de Santiago Peregrino y relieves jacobeos...

Y si el peregrino moderno pasa por Pamplona en el mes de julio, no deje de saborear los «Sanfermines» y la traca virulenta del riauriau; cuando estalla el «Chupinazo», la fiesta en Pamplona «estalla» —no hay otra manera de describirla, decía Hemingway—. El encierro, ese rito único en el mundo, oficiado con sabiduría, temple y arte por los mozos navarros, es símbolo de una tierra viril y arriesgada.

De Somport a Puente la Reina

La otra gran ruta francesa —la vía Tolosana— penetraba en España por Somport y se unía a las que habían convergido en Ostabat, para acceder por Roncesvalles, a Puente la Reina, a 23 Kms. al SO. de Pamplona.

En Somport la importante hospedería de Sta. Cristina, hoy leves ruinas, acogía a los peregrinos en estas alturas inhóspitas,

Pamplona. Vista aérea de la Catedral y antigua Navarrería.

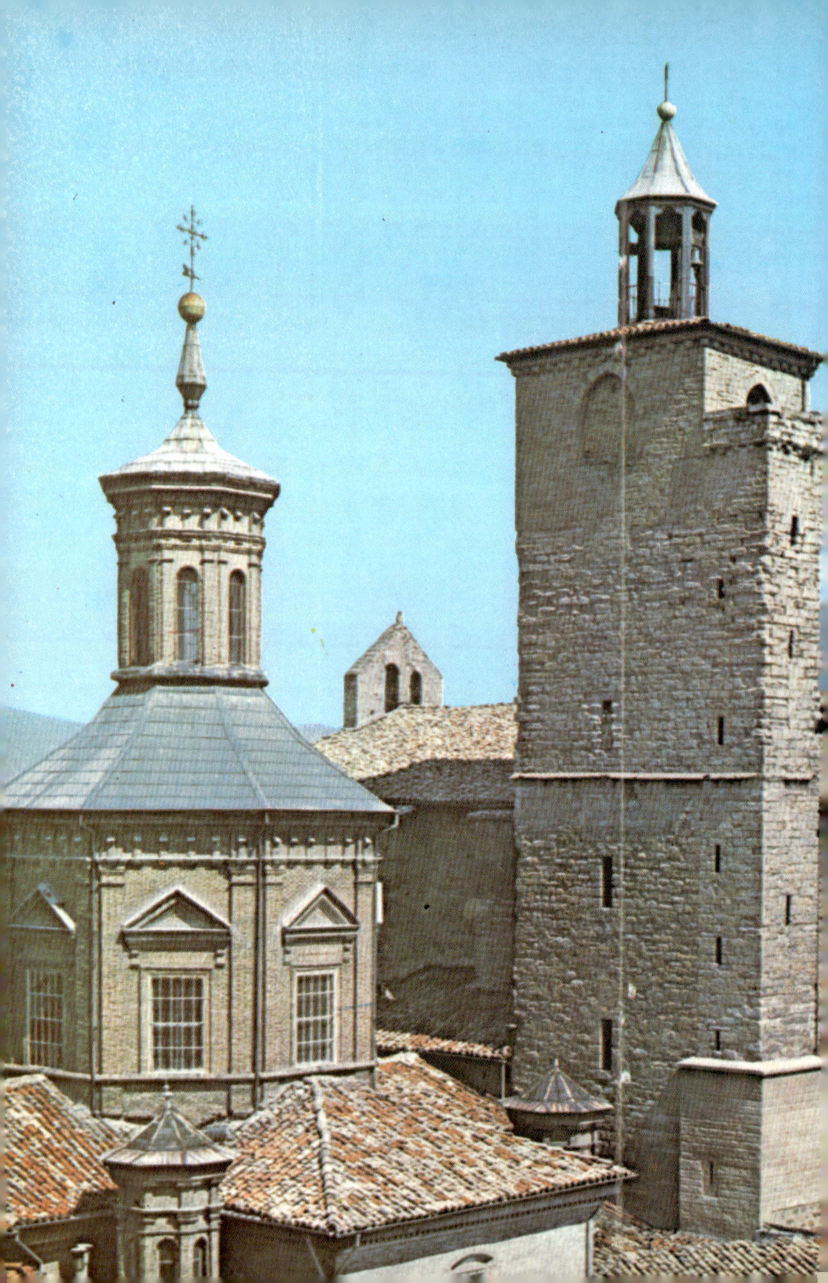

Pamplona. Torres de San Cernín.

pobladas de picachos pétreos cubiertos de nieve y desfiladeros por donde el agua rompe el silencio con gritos de cascadas. El camino se interna en Canfranc y Villanúa y penetra en **Jaca.**

La catedral jaquesa, de la segunda mitad del s. XI, es por sus formas arquitectónicas y su perfección escultórica una de las primeras fuentes del románico en España. Ramiro I, hijo de Sancho el Mayor de Navarra, fue su impulsor.

Los peregrinos seguían por la Canal de Berdún, pasaban por Tiermas, cruzaban el río Aragón en Yesa, no lejos de la majestuosa grandiosidad de Leyre y llegaban a **Sangüesa:** Sta. María la Real es uno de los más apasionantes monumentos de la ruta jacobea y una de las cumbres del románico. Su portada, cuajada de esculturas, asombra al visitante. En ella advertimos la preferencia de que gozaba en el fervor popular Santiago, situado a la derecha de la Virgen, precediendo al mismo S. Pedro; y constatamos un caso excepcional y único en la estatuaria románica: la representación de Judas ahorcado.

Continúa el Camino por delante de la Foz de Lumbier, profundo desfiladero que infunde pánico al caminante y se remansa en Monreal. Más adelante el Castillo de Tiebas descubre la osamente de sus ruinas al peregrino moderno que desciende por la Venta de Campanas hacia Eunate.

Cuatro kilómetros antes de unirse la ruta de Somport con la de Roncesvalles, la **iglesia románica de Eunate** irradia en el silencio del valle las ondas de su original belleza. Tres monumentos funerarios jalonan el Camino de Santiago en Navarra: Sancti Spiritus en Roncesvalles, al comienzo de la ruta; Torres del Río, casi al final; Eunate en la unión de los dos Caminos pirenaicos. Durante las noches interminables sus linternas iluminadas, luces del Camino y faros de esperanza, guiaban al peregrino por una ruta que en definitiva conduce a la eternidad...

La belleza tan pura y espiritual de Eunate se ve realzada por las sobrias arcadas que le rodean y le convierten en un exquisito poema arquitectónico: constituye esta arquería una línea de protección artística, una como estilizada muralla para proteger, no con su mole defensiva, sino con su arte atrevido los cuerpos muertos de los peregrinos, héroes incógnitos de la gran *epopeya de la peregrinación.*

Puente la Reina

En el s. XI la villa comienza a figurar con el nombre de «Ponte de Arga» o «Ponte reginae». El Camino de peregrinos penetraba

Somport: Ni la nieve ni la altura arredraban al peregrino.

Pamplona. Tímpano de la portada norte de San Cernín (siglo XIII).

Ábside lateral de la Catedral de Jaca.

Sangüesa. Portada de Santa María ▶

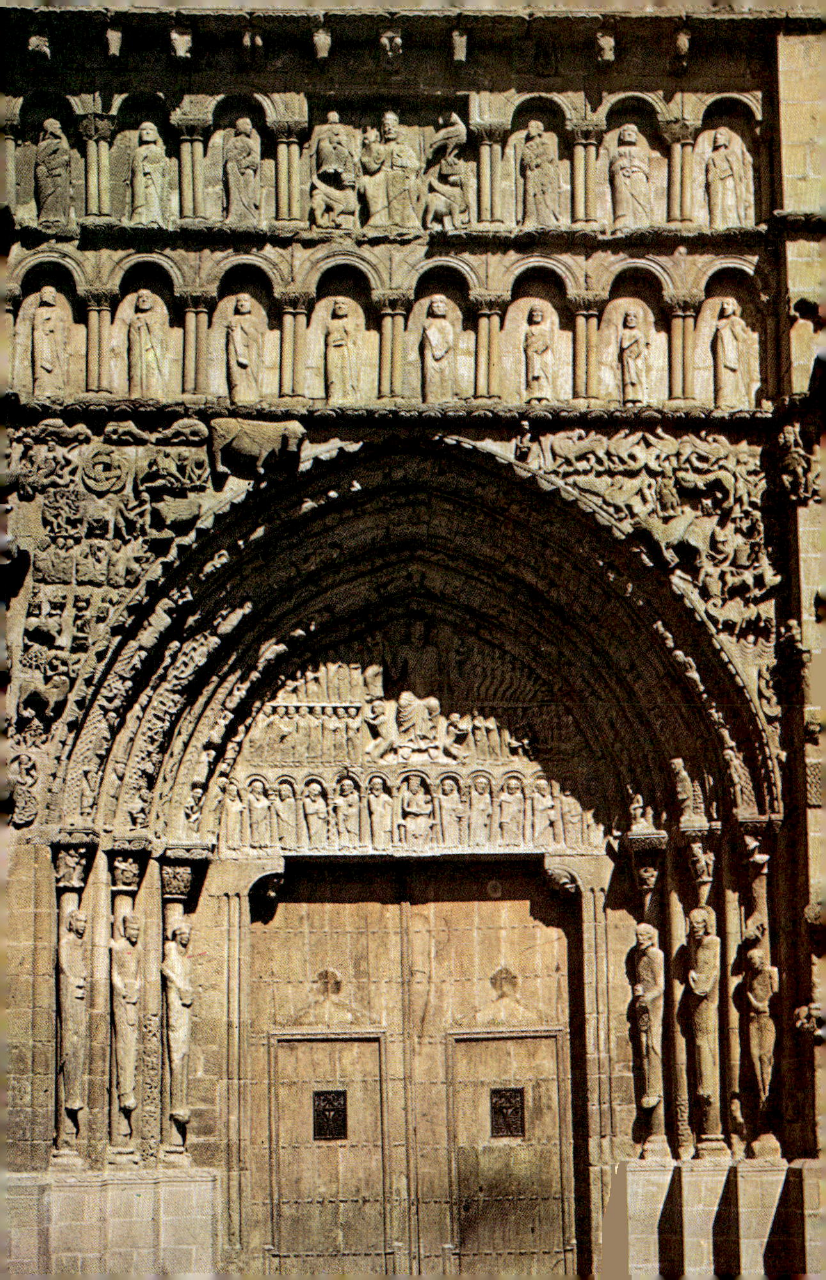

en Puente la Reina por la iglesia del Crucifijo donde se conserva un magnífico Cristo crucificado, de principios del s. XIV, probablemente de origen renano. Es curiosa la posición de los brazos, clavados en una cruz en forma de Y griega, aprovechando la disposición natural de un tronco de árbol.

La iglesia de Santiago, del s. XII, se encuentra en la Rúa Maior o Rúa de los Romeus que desemboca en la «linda puente». Dentro de su iglesia el recuerdo jacobeo perdura en una vigorosa talla de Santiago Peregrino, del s. XIV, familiarmente llamado el Beltza —que en vascuence significa «el Negro»—, por haber sido descubierta no hace mucho tiempo, ennegrecida, en un desván de la iglesia. Walter Starkie dice de ella: «Es la más delicada imagen que he visto jamás a excepción del Santiago del Pórtico de la Gloria.»

A la salida de la villa es preciso atravesar el puente de piedra que le da nombre, obra de la primera mitad del s. XI, cuya construcción se atribuye a Doña Mayor, esposa de Sancho el Mayor de Navarra. Elegante, airoso, con seis arcos de medio punto y pilares abiertos por arquitos que aumentan su ligereza y esbeltez, tiene, dentro de los puentes románicos, auténtica categoría por su belleza, sobriedad y valor funcional.

En la conjunción de las dos rutas, la de Roncesvalles y la de Somport, Puente la Reina ha erigido un monumento al Peregrino y un Mesón, émulo de las antiguas hospederías jacobeas.

Puente sobre el Salado

Pasado Cirauqui, pueblo de gran sabor medieval, el Camino sigue la calzada romana, cuyos restos todavía subsisten en la empinada cuesta; atraviesa un puentecillo medieval y la actual carretera y llega al Salado. «Sus aguas son venenosas y mortales», previene Aimerico Picaud... Lo que incuestionablemente es exagerado: sus aguas son saladas, pero en modo alguno venenosas. Tal vez a este gusto por la exageración peyorativa se deba la escena que localiza en un bello puente ojival que arquea levemente su dorso sobre el Salado: habitantes de estos contornos, engañando a los peregrinos, envenenaron sus cabalgaduras dándole de beber en las mortíferas aguas y con grandes cuchillos las descuartizaron. Probablemente... ni siquiera fueron navarros, según documentos del Registro de Comptos, del año 1319. En ellos se dice que merodeaban por estas tierras «...engleses e otras malas gentes que robaban et facían muytos males a los romeros...» quienes, finalmente «barruntados por unos barruntes fueron trobados et presos et enforcados en Vilaba...»

Iglesia románica de Eunate. ▶

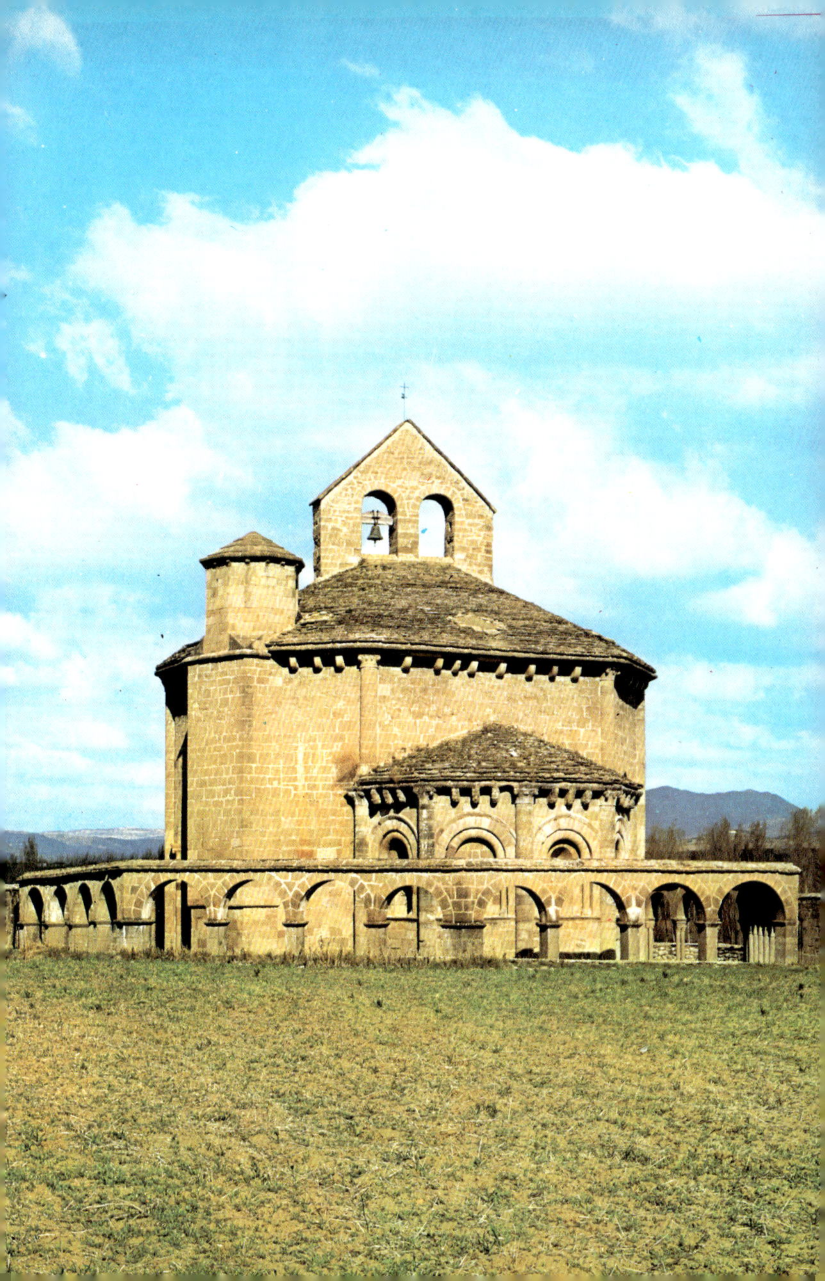

Foz de Lumbier. Impresionante desfiladero que los peregrinos salvaban por el hoy roto puentecillo de un solo y atrevido arco.

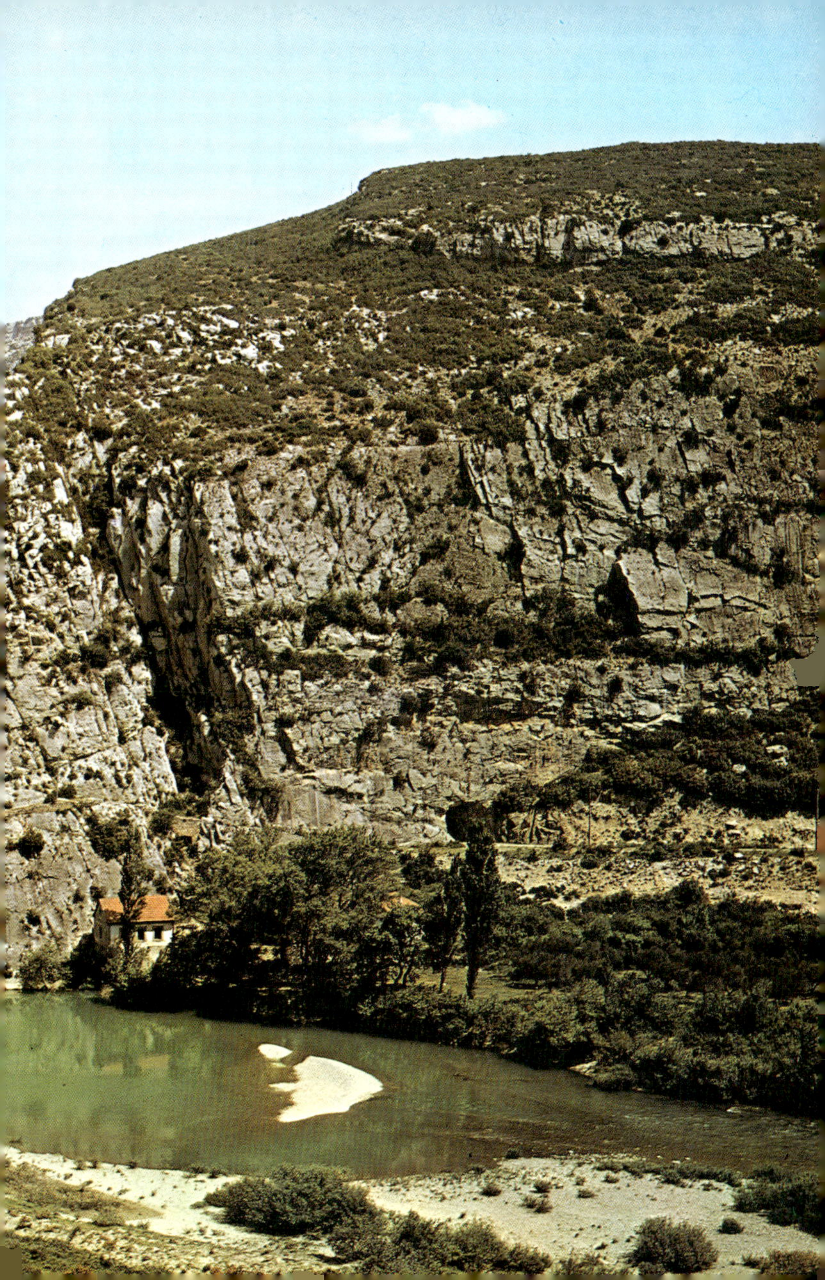

Puente la Reina. Puente de los peregrinos.

Puente la Reina. Imagen de Santiago (siglo XIV).

Estella

Estella, la antigua Lizarra, se abre ante nosotros como un libro denso, monumental e histórico. Ciudad cercada de montañas, nació al calor de la peregrinación, para el peregrinaje y al servicio de los peregrinos. Los juglares de la Edad Media la llamaron en sus coplas «Estella la bella»; y así lo repite la Pícara Justina, recogiendo el sentir del pueblo. El autor de la Guía del s. XII invita al peregrino a que se hospede en Estella porque «...dan buen pan, excelente vino, mucha carne y pescado y está llena de toda felicidad...»

Sobre el caserío yérguese **la iglesia de S. Miguel** del s. XII. Su pórtico norte, del Maestro de S. Miguel de Estella, es obra cumbre del esplendor románico: así lo comprobamos en sus capiteles historiados, de magnífica factura; así nos lo demuestra el tímpano con Cristo en majestad y el tetramorfos; así lo pregonan las setenta esculturas de sus arquivoltas; y los soberbios relieves que flanquean el pórtico. Se trata de una realización artística plena de vigor, de riqueza y de realismo muy español.

Los peregrinos atravesaban el Ega por un esbelto puente destruido a fines del siglo pasado y reconstruido en 1971, y penetraban en el **barrio de la Rúa** donde se asentaban los francos y una comunidad judía. Es curioso que en 1492, cuando los Reyes Católicos expulsaron a los judíos, el rey de Navarra, Juan Labrit, escribió a las autoridades de Estella invitándolas a que «asentasen en su villa a todos los judíos que les fuera posible, porque son gente dócil y se someten fácilmente a razón».

El templo del Sto. Sepulcro, románico en sus ábsides, ostenta una magnífica portada gótica del s. XIV, de 12 nervios, profundamente abocinada, que semeja la proa de una mística nave, en cuyas velas —tímpano— brillan con arte soberano la Crucifixión, las tres Marías ante el Sepulcro y la Sta. Cena; en lo alto vigilando el rumbo del velero, una elocuente teoría de apóstoles —marinos a lo divino—; mientras abajo, en la portada —sobre la borda— nos acoge el patrón, el Señor Sant Yago, con escarcela y conchas simbólicas, deteriorado por el embate de olas seculares.

La calle peregrina, con portadas góticas y edificios renacentistas, desemboca **en la Plaza de S. Martín;** las aristas abiertas de sus piedras medievales han retenido y aprisionado el tiempo que dormita a la sombra de sus árboles, arrullado por deliciosa fuente.

La gran escalinata que conduce a la portada polilobulada de **S. Pedro** hace todavía más airosa la erguida torre de perfil guerrero. El claustro abraza con sus dos alas románicas la paz y el sosiego de un jardín florecido sobre tumbas de peregrinos europeos.

Abajo, en la plaza de S. Martín, el **Palacio de los Reyes de Na-**

Estella. Junto al Palacio Real (siglo XII), la brava jota y las kalejiras estellesas.

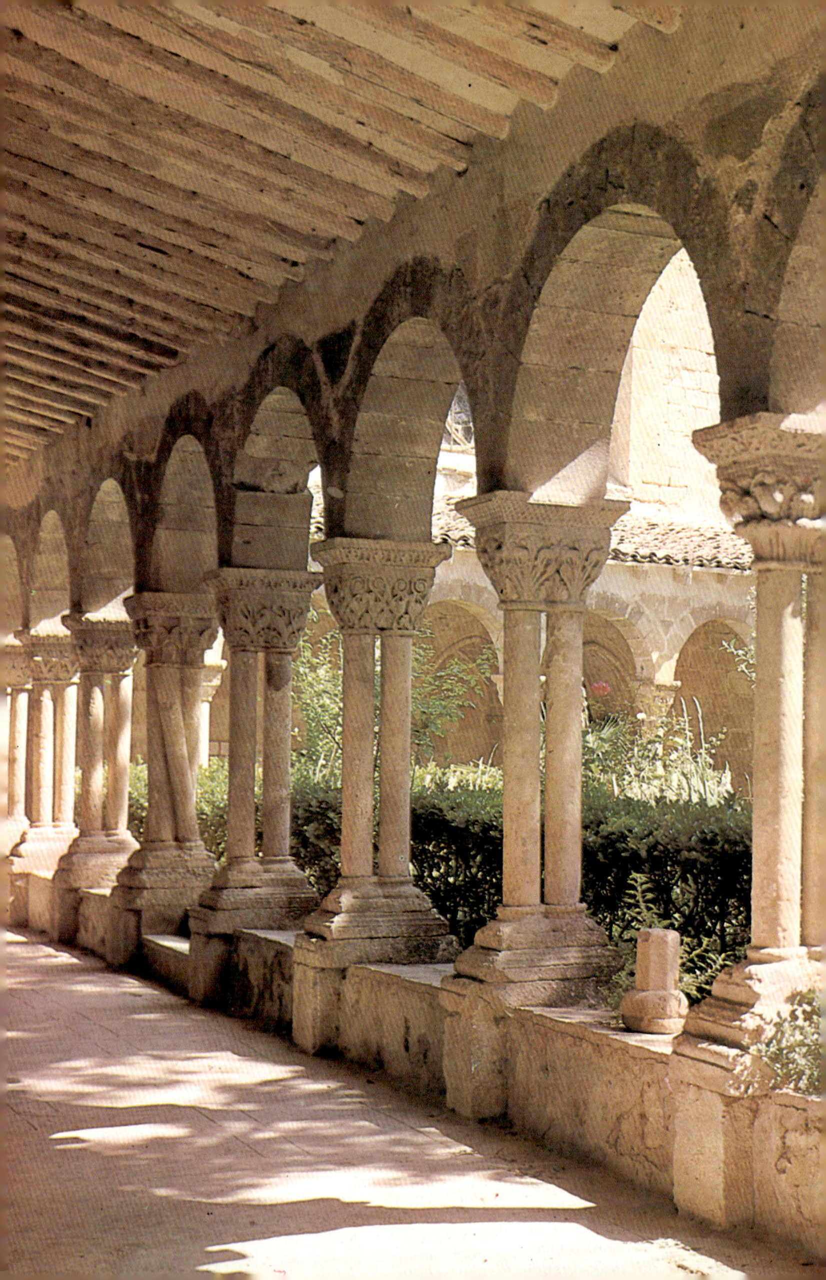

Estella. Claustro románico de San Pedro de la Rúa (siglo XII).

Estella. Capitel de Roldán y Ferragut, en el Palacio Real.

Estella. Portada de San Miguel.

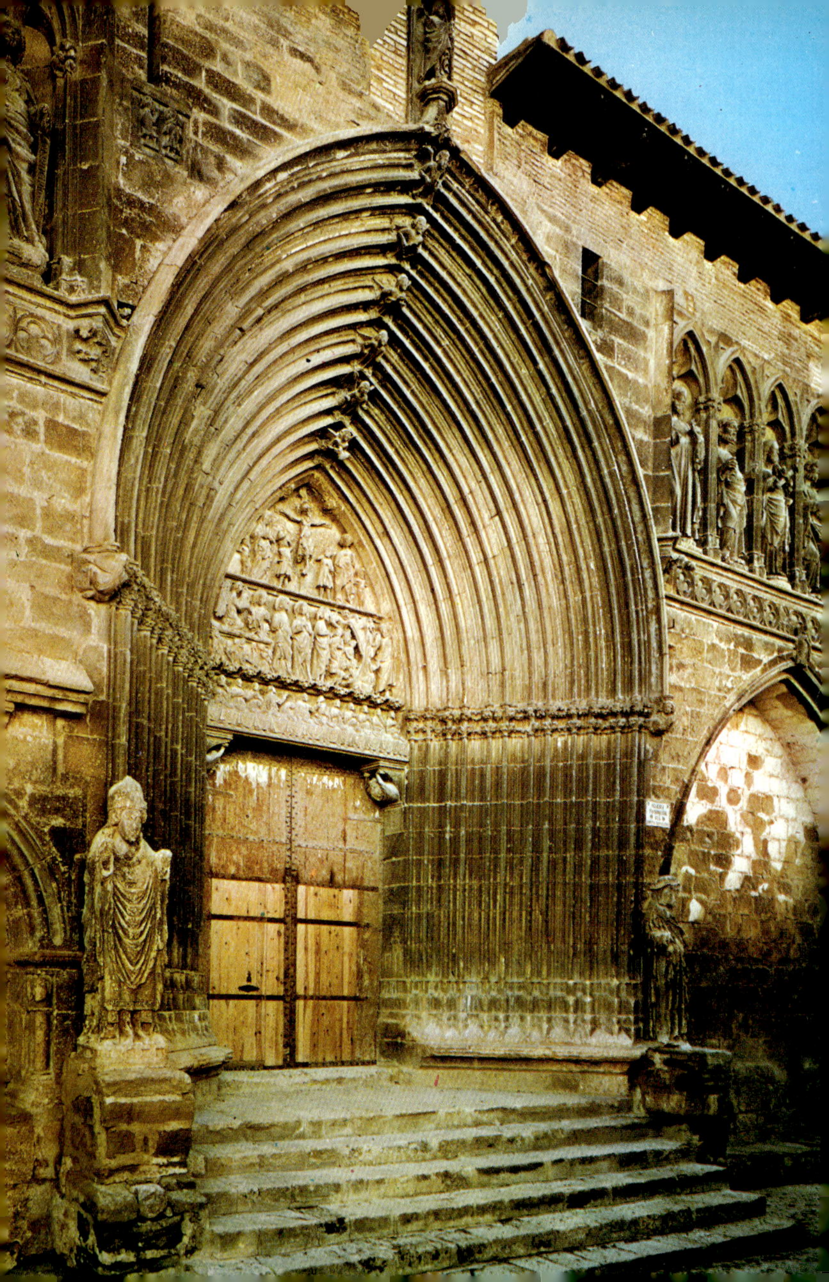

varra, del s. XII, es un maravilloso y rarísimo ejemplar del románico civil; los ventanales de cuádruple arquería, y los capiteles historiados —combate de Ferragut y Roldán, asno músico, castigo del avaro, etc—, son delicia para el paciente catador de bellezas románicas.

La Virgen del Puy, interesante talla románica es la patrona de Estella. Esta advocación, como la de Ntra. Sra. de Rocamador, son típicamente jacobeas.

En Estella radica la Sociedad de Utilidad Pública, **«Los Amigos del Camino de Santiago»**. Su finalidad esencial es la extensión del conocimiento de la Ruta Jacobea. Organiza cada año, en colaboración con la Institución «Príncipe de Viana», la Semana de Estudios Medievales y la Semana de Música Antigua que en poco tiempo han adquirido renombre internacional.

Estella vuelve a ser **estrella** y **estela** del Camino: **Luz** que orienta, y **huella** que perdura.

Irache

A dos kilómetros de Estella, casi a la sombra del Montejurra —el Monte de la Tradición— se asienta el Monasterio de Sta. María la Real de Irache. Existía ya a comienzos del s. X. Aquí se erigió, a principios del s. XI, el primer Hospital de peregrinos en Navarra. La iglesia es del s. XII con cabecera románica y naves ojivales. La Liturgia y el canto visigóticos, tan genuinamente españoles, florecieron de manera extraordinaria en Navarra y especialmente en Irache. Dos de los cuatro libros mozárabes que, a petición del Papa, llevaron a Roma en el s. XI los obispos españoles, fueron sacados precisamente de Irache. Entre sus más célebres abades destaca S. Veremundo, gran protector de peregrinos. Recientemente ha sido declarado Patrono del Camino de Santiago en Navarra.

Torres del Río

La iglesia del Sto. Sepulcro de **Torres del Río** surge como un bello alivio en la fatigosa ruta. Es un precioso ejemplar románico del s. XII, de planta octogonal. Su magnífica cúpula está sostenida por grandes nervios de sección cuadrada que se cruzan y entrecruzan y caen en cascada con la serenidad y la magnificencia de las ramas de una exuberante palmera. Esta crucería hispano-árabe se inspira directamente en la Mezquita de Córdoba.

◀ *Estella. Iglesia del Santo Sepulcro.*

Viana. Fachada de la iglesia de Santa María. ▶

Torres del Río. Cúpula de la iglesia del Santo Sepulcro.

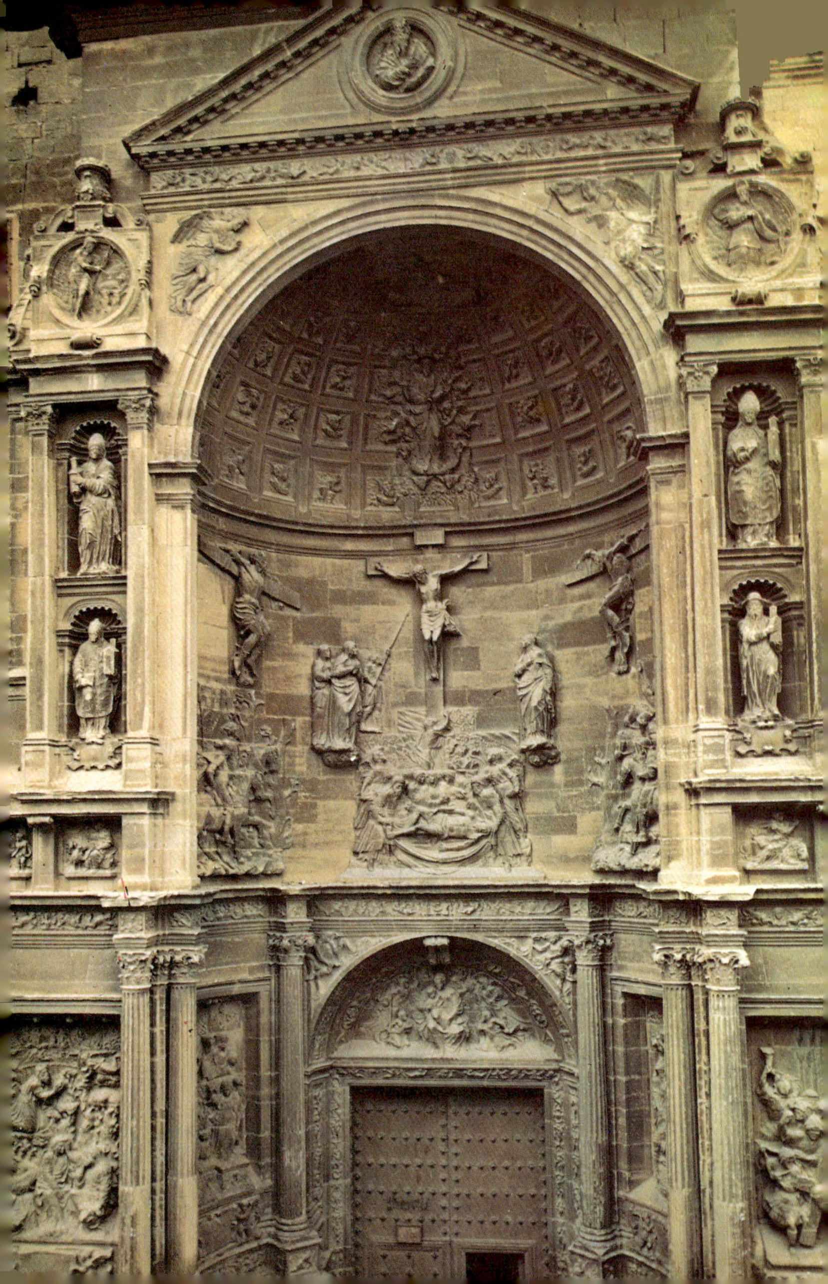

Viana

Viana, capital del Principado de su nombre, se interpone valiente y altiva en nuestro caminar hacia Santiago.

La iglesia de Sta. María construida en los ss. XIV-XV, es la verdadera joya de Viana. El arte gótico marida con el renacentista en desbordante y profusa belleza. La portada, profundamente abocinada, la sillería del Coro, el espléndido triforio, las pinturas de Luis Paret y el altar Mayor, son dignos de atenta visita por el peregrino moderno.

En esta villa murió, el año 1507, como capitán de los ejércitos navarros, el hijo de Alejandro VI y cuñado del rey de Navarra, el célebre César Borgia, Arzobispo, Cardenal y uno de los príncipes más poderosos de Italia. Una lápida a la entrada de Sta. María, y un monumento en la plaza de Sor Simona perpetúan su memoria.

Logroño

Aplastada en la llanura fértil y acariciada por el rumor del caudaloso Ebro, Logroño, corazón de la Rioja, es la primera gran ciudad que en nuestra ruta jacobea hallamos al abandonar la actual Navarra. Desde el puente de piedra, sucesor del que construyera para los peregrinos San Juan de Ortega, y sobre la abigarrada teoría de los tejados, podemos contemplar la torre mudéjar de San Bartolomé y la flecha piramidal de piedra de Santa María del Palacio y la torre cuadrada de Santiago y las gemelas torres barrocas de la Catedral... Sus enhiestas siluetas se inclinan hasta hundirse en el reflejo del Ebro que las transformará en beso jacobeo a los pies del Pilar zaragozano.

Francisco López de Zárate —no Lope de Vega como se viene afirmando— cantó a Logroño y sus torres:

> *"Esa ciudad que superior preside*
> *a estas amenidades,*
> *y con sus torres las estrellas mide,*
> *gloria de España honor de las ciudades."*

Por la angosta y retorcida Rúa Vieja llegamos a la iglesia de **Santiago el Real,** a cuya vera todavía gotea la fuente de peregrinos. Este templo es del s. XVI y posee un retablo mayor dedicado al Apóstol. Su portada barroca termina en un gran arco dentro del cual campea gigantesco Santiago Matamoros. Su ánimo guerrero lo realza el blanco corcel, un retumbante semental que relincha tan agresivo como el Bucéfalo de Alejandro Magno o el Grani de la walkiria Brunilda. Cervantes, en su Quijote, nos dice: «Este gran Caballero de la cruz bermeja háselo dado Dios a España por Patrón y amparo suyo.» Y en el mismo capítulo prosigue: «Pidió que quitasen otro lienzo, debajo del cual se descubrió la imagen del Patrón de las Españas a caballo; y viéndola Don Quijote, dijo: «Este sí que es Caballero... y de las escuadras de Cristo, uno de los más valientes santos caballeros que tuvo el mundo y tiene ahora el cielo...»

Clavijo

Desde Logroño podemos acercarnos a visitar Clavijo... Cuenta la leyenda que Ramiro I se negó a pagar a Abderramán II el ominoso tributo de las 100 doncellas. Esto provocó la guerra en la que se libraría la batalla de Clavijo, cuyo desmantelado castillo, obra del siglo X, se yergue todavía sobre altiva roca, como medieval recuerdo mordido por el viento otoñal.

Si la batalla de Clavijo es legendaria, hubo una batalla real, documentada históricamente, la de Simancas, en la que Ramiro II venció, con la ayuda de Santiago, a Abderramán III, el año 938. Y existe, como consecuencia de esta batalla, un Voto o tributo de Santiago, mantenido casi sin interrupción hasta nuestros días.

Nájera

Pasado Navarrete, de gran tradición jacobea, Nájera, nombre de origen árabe —o tal vez prerromano, según Menéndez Pidal—, sorprende al peregrino con su arte y sus recuerdos. Fue tomada a los musulmanes en 923 por el rey de Navarra y se convirtió en Corte y Panteón de sus reyes. Sancho el Mayor mandó acuñar aquí la primera moneda conocida de la Reconquista y se preocupó por acondicionar y hacer fácil el Camino de Santiago por la Rioja.

A principios del siglo XI se fundó una gran abadía cluniacense y a comienzos del XV se construyó el actual monasterio de severas formas con aspecto de fortaleza. En el altar mayor se venera la primitiva imagen románica de **Santa María, la Virgen de la Terraza,** milagrosamente hallada en una cueva por el rey don García de Pamplona, «el de Nájera», cuando iba de caza por estos parajes.

Bajo el coro puede visitarse la Cueva, de unos diez metros de profundidad, abierta en la roca, donde el rey halló la imagen de Santa María.

Logroño. Las enhiestas siluetas de sus torres duplican su belleza frente al Ebro.

A ámbos lados, el **Panteón Real,** augusto y solemne, con una treintena de sepulcros alineados junto a la roca viva, pregona grandezas pretéritas de Navarra.

Merece mención especial el **sepulcro de doña Blanca de Navarra.** biznieta del Cid y madre del que sería rey de Castilla Alfonso VIII, el de las Navas. La tapa de este sarcófago, a dos vertientes, es una auténtica joya, precioso ejemplar de la escultura románica.

Las pétreas celosías **del claustro** dibujan maravillosos juegos de luz y sombras en las galerías, henchidas de ese españolísimo anhelo místico e imperial que caracteriza nuestro arte del siglo XVI. En la aneja Capilla de la Vera Cruz encontramos el arca sepulcral de Garcilaso de la Vega, con magnífica cubierta. El Claustro de los Caballeros, el Panteón Real y la sillería del coro forman histórica y artísticamente un conjunto extraordinariamente interesante y valioso.

72 *Logroño. Fachada de la iglesia de Santiago.* ▶

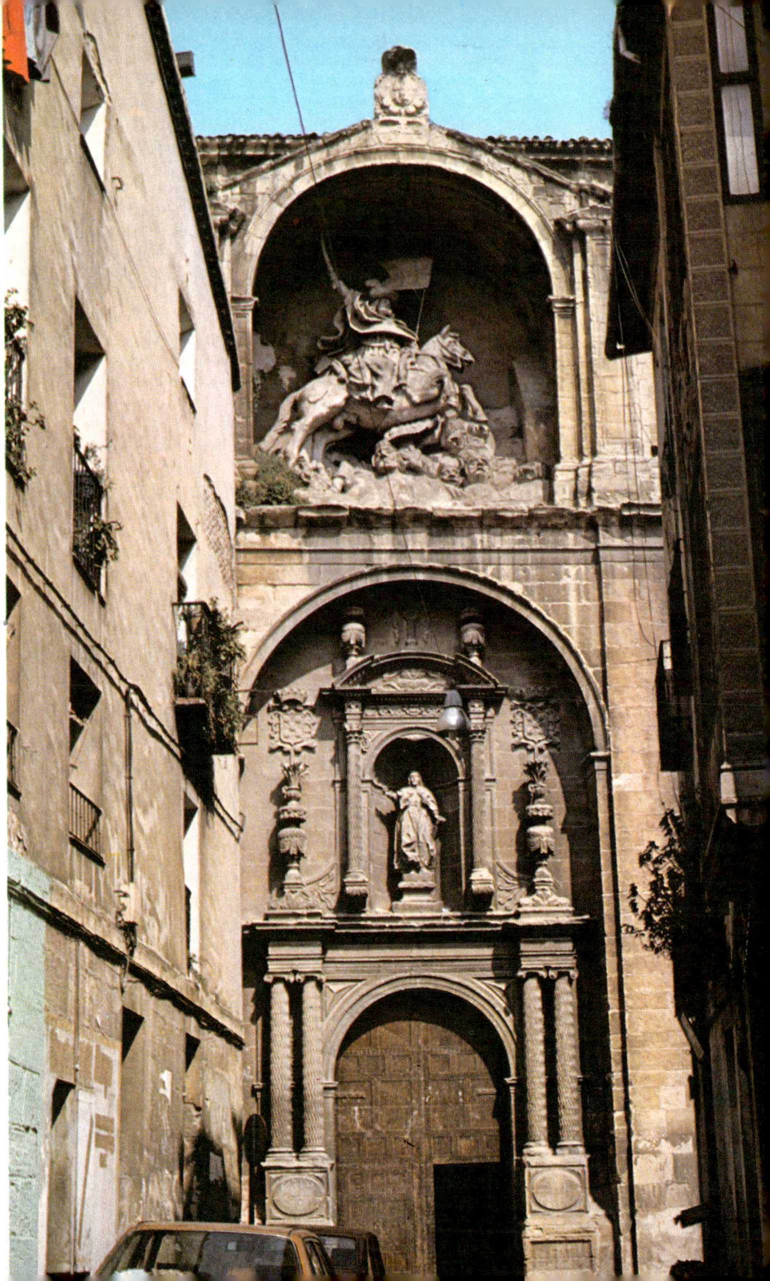

El castillo de Clavijo: medieval recuerdo mordido por el viento.

Nájera. Luces y sombras en las pétreas celosías del Claustro de los Caballeros (siglo XVI).

CAMINO CASTELLANO-LEONÉS

De Santo Domingo de la Calzada a Foncebadón

El Camino castellano-leonés, segunda parte de nuestro recorrido jacobeo, comienza en Sto. Domingo de la Calzada, continúa por Burgos y Castrojeriz, atraviesa la Tierra de Campos por Frómista y Carrión de los Condes, penetra en el Reino de León por Sahagún, se pierde en las calles de la maragata Astorga y asciende hasta el monte Irago, en cuya cima y no lejos de Foncebadón, se yergue la «Cruz de Ferro».

Santo Domingo de la Calzada

No existía puente ni villa en el s. XI. La calzada romana seguía más al norte por Bañares y Cerezo de Río Tirón. Santo Domingo construyó con penalidades y milagros el puente de 24 arcos sobre el río Oja para facilitar la peregrinación. Erigió también un hospital que, reconstruido, perdura todavía. Estas construcciones, junto con la **ermita de la Virgen de la Plaza** fueron el origen del Burgo, que luego se llamó Sto. Domingo de la Calzada, villa nacida por y para el peregrinaje, merced a los desvelos caritativos de este «santo ingeniero de la peregrinación». La Calzada, proyectada y en parte realizada por él, pasó a ser el definitivo Camino de Santiago, descrito por la Guía de Aimerico Picaud.

En su honor se levantó **la Catedral,** iniciada en 1158, aprovechando parte de la iglesia construida por el santo. El románico de sus ábsides armoniza perfectamente con el gótico de sus tres naves y con la esbelta torre barroca y exenta, de 67 ms. de altura, llamada «la moza de la Rioja».

En la cripta se halla el sarcófago del santo, con estatua del s. XII; sobre él se alza el mausoleo de alabastro, diseñado por Felipe Vigarny, rodeado de espléndidas rejas. En lo alto de uno de los muros puede contemplarse un trozo de madera que sirvió de horca al protagonista del célebre prodigio del gallo y la gallina, contado y cantado por guías y canciones de toda Europa:

Peregrinaba hacia Santiago un matrimonio extranjero con su hijo de 18 años. La moza del Mesón donde se hospedaron, vengóse del joven que resistía sus insinuaciones, metiendo en su zurrón una copa de plata, acusándole luego de haberla robado. Los corregidores de la ciudad prendieron al muchacho y lo ahorcaron. Cuando los padres regresaron de Compostela fue grande su sorpresa al ver que su hijo seguía vivo. Fueron a decírselo al juez que en aquel momento estaba a la mesa a punto de trinchar un gallo y una gallina asados, quien comentó con

Santo Domingo de la Calzada. Catedral. Sepulcro de Santo Domingo (siglo XV), cubierto por el baldaquino de alabastro, obra de Felipe Bigarny y Juan de Rasines.

Santo Domingo de la Calzada. Catedral. El «Gallinero» con el gallo y la gallina, recuerdo del milagro del ahorcado.

ironía: "Esa historia es tan cierta como que este gallo y esta gallina van a levantarse del plato y cantar". Pero ante el asombro de todos así lo hicieron las aves.

El juez ordenó que descolgaran al muchacho y castigaran a la moza.

Frente al mausoleo del Santo un **pequeño gallinero,** con decorado balcón, alberga un gallo y una gallina blancos, colocados periódicamente en recuerdo de las aves que emitieron el canto milagroso.

Entre las muchas obras de arte que atesora la Catedral calceatense, tal vez la más valiosa sea el **retablo principal,** obra de Damián Forment: sobre un basamento de alabastro, cuajado de relieves mitológicos, se levanta el retablo dividido en cuatro cuerpos. La imaginería, poderosa y nervuda, representa escenas del Nuevo Testamento.

Cerca de la Catedral podemos admirar **la antigua hospedería** fundada por el santo, reconstruida en el s. XIV y convertida hoy en Parador de Turismo. Hasta el s. XVIII cumplió su función caritativa con los peregrinos. Sus piedras casi milenarias como las de tantos otros hospitales y hospederías, pregonan esa caridad que el Camino de Santiago supo despertar y Sto. Domingo practicar. Con serlo mucho, no es lo más importante el Camino: lo realmente importante es el PEREGRINO, protagonista sublime —¡sublime hasta en sus flaquezas!— de la gran epopeya de la Peregrinación: sin él no cabe entender, imposible comprender jamás el Camino de Santiago...

Villafranca Montes de Oca

El Camino continúa por Redecilla del Camino y Belorado y llega a Villafranca Montes de Oca, sucesora de la romana Auca. Hoy es un poblado, lejos de la importancia histórica que tuvo como antiquísima sede episcopal de la región hasta 1076 en que se trasladó a Burgos. Antes de llegar a Villafranca podemos ver las ruinas de lo que fue monasterio mozárabe de S. Felices. Según algunos autores aquí fue enterrado el conde Diego Porcelos, repoblador de Burgos.

El Hospital de la Reina y la Iglesia de Santiago nos traen el recuerdo del paso de los peregrinos. En la iglesia se conserva una pila de agua bendita que es una auténtica concha natural, la más grande de las varias existentes en el Camino; fue traída de Filipinas.

A dos kilómetros de la población en un delicioso prado, los cuatro manantiales llamados «las fuentes de Oca» refrescan nuestro peregrinar. Junto a ellos, la ermita de la Virgen de Oca resiste los empellones del tiempo y del duro clima. No lejos, el Pozo de S. Indalecio recuerda el martirio del primer obispo de esta Sede, nombrado, según la leyenda, por el mismo Santiago.

San Juan de Ortega

Pasados los antes temibles Montes de Oca, guarida de ladrones, y la bucólica ermita de Valdefuentes, llegamos a la aldea de S. Juan de Ortega que debe su origen al Santo de su nombre. Juan de Ortega y Domingo de la Calzada forman el binomio de santos ingenieros que dedicaron su saber y sus esfuerzos a construir calzadas, puentes e iglesias. Subsiste todavía la iglesia en parte edificada por S. Juan de Ortega; tiene cabecera y crucero románicos de la segunda mitad del s. XII. En la actual cripta admiramos el sepulcro del Santo, severo, sin adornos, y junto a él el cenotafio últimamente descubierto, uno de los más importantes del románico español. En el centro de la iglesia se ha colocado el baldaquino donado por Isabel la Católica, con excelente estatua yacente y seis relieves alusivos a la vida del Santo.

A pocos kilómetros a orillas del Arlazón nos espera una gran ciudad, noble y bella:

Burgos

Ciudad del Cid y corazón de Castilla, crisol de España y etapa imprescindible del Camino de Santiago...

Desde lo alto de su Castillo podemos contemplar, casi a nuestros pies, los restos de antiguas murallas y las iglesias de S. Nicolás, San Gil y San Esteban. En el centro, un montón de estrellas... caídas de lo alto y convertidas en cresterías, flechas y pináculos góticos en la Catedral. Casi al fondo, la calle peregrina de S. Juan; y S. Lesmes, y el Hospital de S. Juan Evangelista y a lo lejos Gamonal y la Cartuja de Miraflores... Y la estatua del Cid presidiendo uno de los puentes, convertido en verdadera Vía Cidiana, ornado de personajes del Romancero; y la Casa del Cordón y el Arco de Sta. María, pendón de nobleza castellana ...Y hacia occidente las Huelgas Reales y Hospital del Rey... ¡Cuántos timbres de gloria..., qué corona de arte..., qué apretada gavilla de recuerdos jacobeos en esta noble, austera e incomparable capital de Castilla...!

Burgos acoge al peregrino con la límpida belleza de **Gamonal**. Según tradición, en este lugar se apareció la Virgen en el s. X. Aquí se trasladó en el s. XI la Sede episcopal desde Oca. La actual construcción es gótica, del s. XIV. En el s. XIII nació la Cofradía de los Caballeros; según sus constituciones de 1285 «para alabanza de la Virgen». Sus cofrades debían «correr un toro y picarle de a caballo en el campo próximo al Santuario, la víspera de Ntra. Sra. de Septiembre, y darlo de limosna al día siguiente».

Adelelmo, conocido en castellano por el nombre de Lesmes, fue

Redecilla del Camino. Pila bautismal (siglo XII).

San Juan de Ortega. Sepulcro románico del Santo (siglo XII).

un monje francés entregado por entero al servicio de los peregrinos.

La iglesia de S. Lesmes es uno de los templos más hermosos de la ciudad. La fachada es gótica con esculturas y tracerías de fines del s. XV. Frente a la iglesia y formando un conjunto monumental con el puente y la puerta de entrada a la ciudad, se hallan las ruinas del Monasterio y del Hospital de S. Juan Evangelista.

La Catedral es el alma de Burgos. La fundan el obispo Mauricio y el rey don Fernando III el Santo, que colocaron la primera piedra en 1221. Sobre la fachada principal se enhiestan las aéreas flechas de Juan de Colonia, encaje flotante que apunta al infinito. La roca pálida de tacto frío, tórnase plegaria alucinantemente bella y cálida. Sobre el bajo continuo de los arbotantes, los tenores de los pináculos y las voces blancas de las cresterías componen una pétrea polifonía sobre un lienzo de sangre azul...

La célebre linterna, flamígero borbotón de estalagmitas, se multiplica en agujas sobre el crucero, imitando a las gigantescas de la fachada principal. Santiago Matamoros planta su figura sobre estos tesoros de arte que tantos peregrinos admiraron, apoyados en el bello crucero de la contigua plaza del Sarmental.

Dentro de la Catedral se venera la imagen del **Sto. Cristo de Burgos,** procedente del desaparecido convento de S. Agustín. Las gentes han tejido, durante siglos, un sinfín de leyendas y hechos milagrosos en torno a esta imagen. Impresiona por su veracidad: es de tamaño natural, tiene el cuerpo tenso y la superficie de la piel cubierta de llagas ensangrentadas, de un realismo impresionante. La devoción popular asegura que suda sangre y que le crece la barba. Para los peregrinos medievales esta imagen era un Cristo vivo y sujeto a una cruz. Muchas canciones hacen referencia detallada y emocionada a este Cristo que los peregrinos nunca dejaban de visitar.

Durante el reinado de Alfonso XI se fundó, en 1338, la Real **Cofradía de los Caballeros de Santiago.** Ella custodia un antiguo Códice que constituye la obra más bella del arte de la miniatura en Burgos. Una impresionante teoría de Caballeros cofrades, en número de 295, desfila a través de las páginas de esta obra de arte, interesantísima para el estudio de la indumentaria y heráldica de los siglos XIV al XVII. En una de sus páginas admiramos una bella miniatura de Santiago Peregrino.

Pasado el Arlazón por el puente de Malatos nos hallamos frente al **Monasterio de las Huelgas Reales,** fundado por Alfonso VIII, con monjas traídas de Tulebras (Navarra).

Aparte las innumerables riquezas que atesora, interesa a nuestra curiosidad peregrina la Capilla de Santiago, morisca y con capiteles califales. Sobre un altar barroco se asienta esta curiosísima imagen sedente de Santiago, de fines del s. XIII. Ningún hombre podía armar

Burgos. Borbotón de estalagmitas góticas en el cimborrio catedralicio. ▶

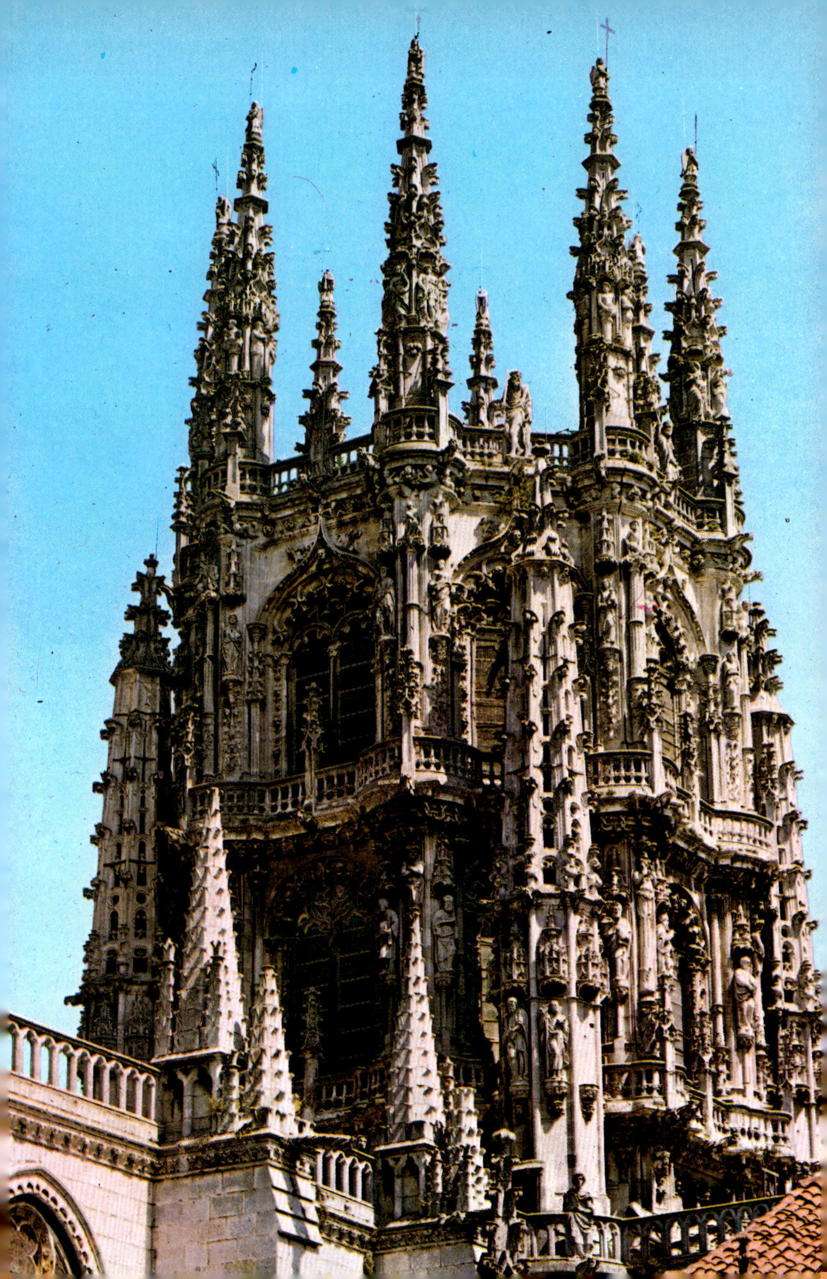

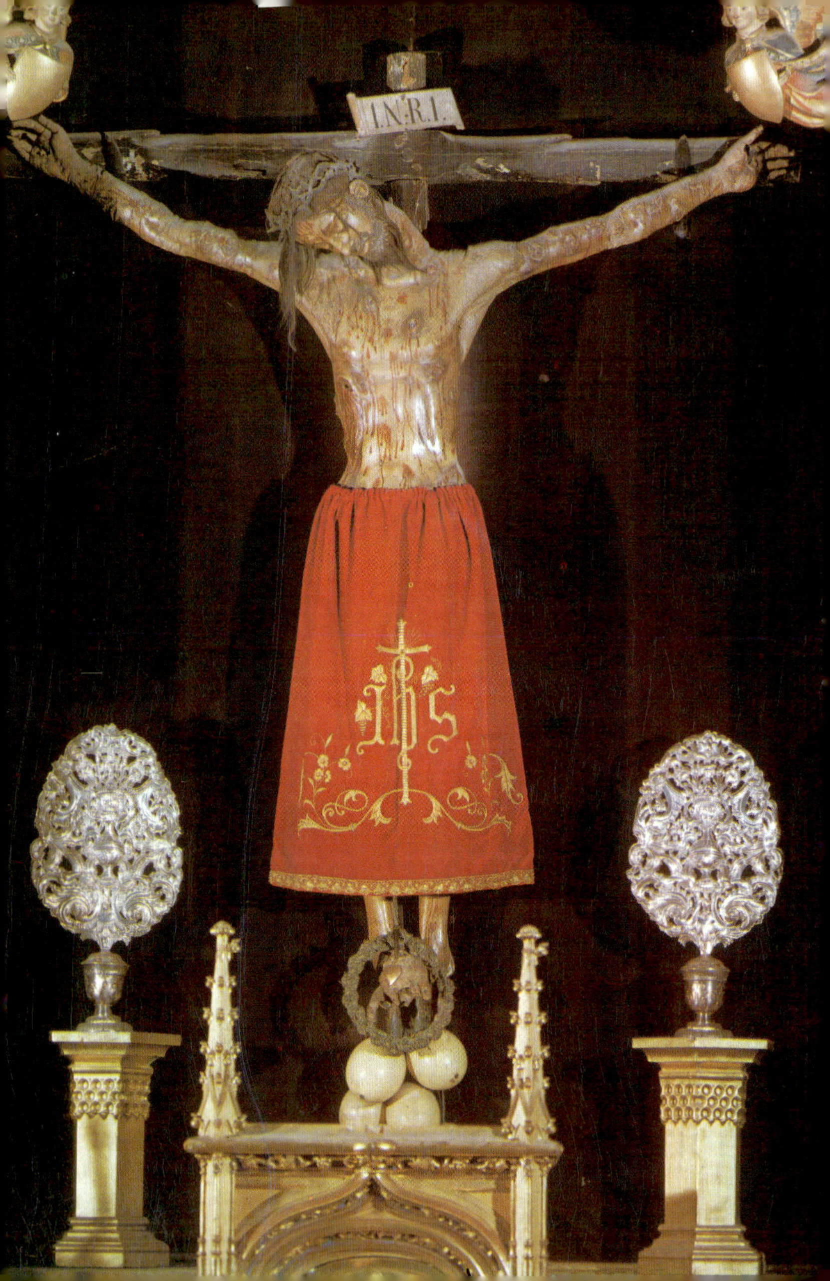
I.N.R.I.
IHS

*Burgos.
Santo Cristo,
venerado
por los
peregrinos.*

*Burgos.
Cartuja de
Miraflores.
Santiago
Peregrino, en
el retablo
mayor, obra
de Gil de
Siloé.*

caballero a un rey: este Santiago «del Espaldarazo», de brazos articulados, daba el espaldarazo a los reyes y los armaba caballeros. Así quedaban consagrados para su cruzada apostólica contra los moros al grito de «Santiago y cierra España» «Cierra España», no en el sentido de cerrar las puertas, como interpretan o suponen algunos equivocadamente, llegando a pedir a Santiago «que abra las puertas de España»..., sino en la acepción de «cerrar filas contra el enemigo».

Próximo a las Huelgas, el antiguo **Hospital del Rey,** fundado por Alfonso VIII, acogía a los peregrinos de forma generosa, como nos lo cuenta detalladamente el arzobispo Ximénez de Rada, que lo califica como: «espejo de todas las obras de misericordia...» El renacimiento es actualmente su estilo predominante. Después de atravesar la Puerta de los Romeros y dejando a la derecha la Hospedería de Peregrinos, llegamos a la puerta de la iglesia, donde podemos admirar un relieve sensacional. Sobre las tablas de nogal un buen escultor, probablemente Valmaseda, ha tallado, con la inspiración y el realismo del genio, un auténtico poema, de gran belleza en su composición y fuerza expresiva en sus detalles; representa la marcha de una familia peregrina, camino de Compostela. San Miguel, cuya lanza se clava en las fauces abiertas del dragón, abre la marcha. Santiago les guía. Un devoto, algún «freire» del hospital, implora protección para los peregrinos. Detrás camina la familia: la madre, sin detener la marcha, da el pecho a su infante, mientras el padre ayuda con la mano izquierda a otro hijo, ya adolescente, fatigado en su peregrinar; sostiene con su diestra del bordón peregrino, y su mirada se vuelve compasiva hacia su hijo y su esposa. Sombreros, conchas, calabazas y bordones forman contrapunto jacobeo a estas vigorosas y dinámicas figuras que se mueven al ritmo viviente de sus perfectas anatomías. Tal vez no haya en todo el Camino una página más humana y realista sobre un episodio de la Peregrinación.

De Tardajos a Hontanas

La ruta prosigue por Tardajos y Rabé de las Calzadas separándose de la moderna carretera. En **Hornillos del Camino,** con amplia y larga calle que es el Camino de Santiago, podemos ver portaladas antiguas, el Hospital de Sancti Spiritus, y un molino antiguo, todavía en funcionamiento. Aquí se descubrieron hace años, antigüedades visigóticas. En nuestro último viaje por Hornillos pudimos presenciar la colocación, como dintel en una puerta, de una piedra sepulcral visigótica. En Hornillos estuvo a su vuelta de Santiago de Compostela ejerciendo la caridad en el hospital, el que luego se llamaría Juan Miseria, a quien Sta. Teresa recriminó, con su habitual gracejo, por haberla pintado, «fea y legañosa».

Burgos. Entrada al Hospital del Rey. ▶

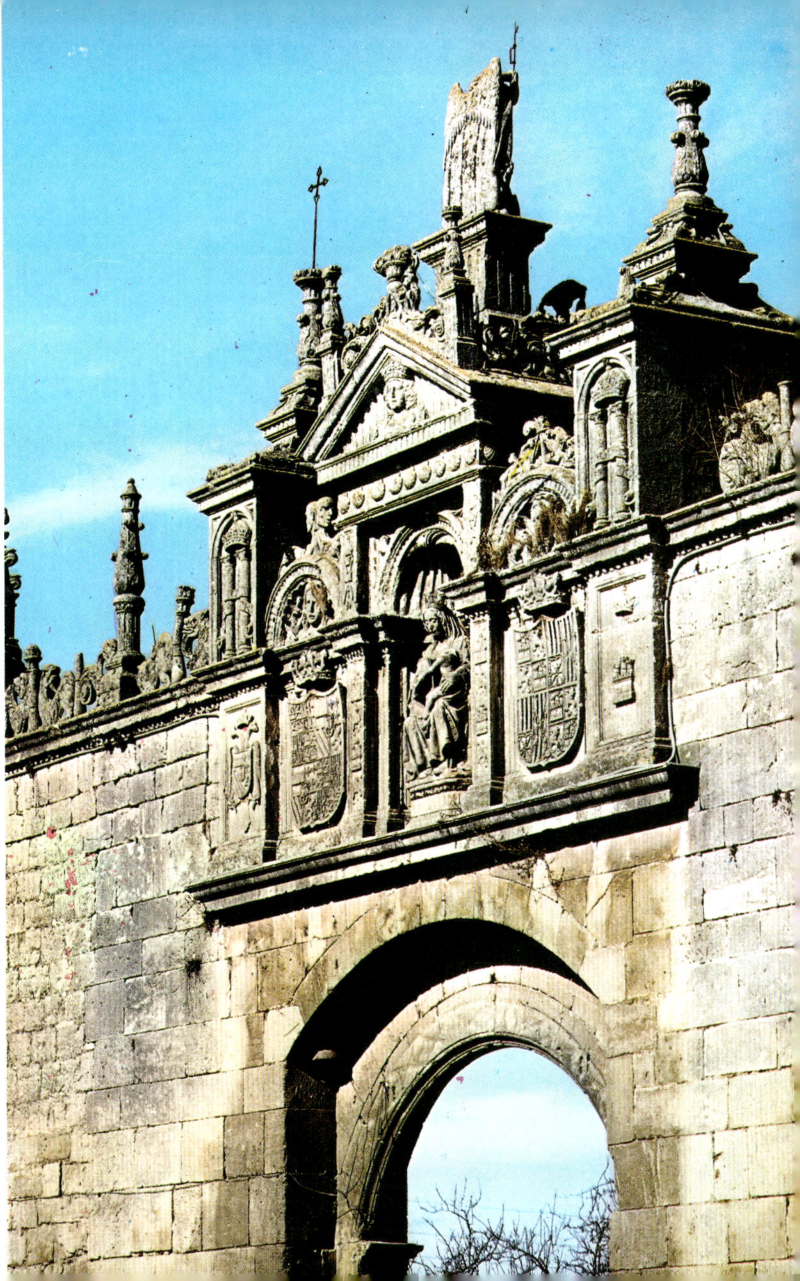

Hornillos del Camino. Calle de Peregrinos.

Castrojeriz. Vista parcial; al fondo, el castillo hiriendo con su lanza mohosa el azul del cielo castellano.

El Camino sigue por las ruinas de San Boal y por Hontanas, que con sus muchas fuentes todavía hace honor a su nombre, y con su caridad lo hace a su abolengo peregrino.

Castrojeriz

Dos kilómetros antes de Castroajeriz se desmoronan las imponentes ruinas de la famosa alberguería de S. Antón, que forman un elevado y original puente gótico sobre la misma calzada de peregrinos. Abiertas en el muro subsisten dos alhacenas donde los peregrinos, que llegaban entrada la noche, encontraban siempre alguna ración para saciar su hambre tras la dura jornada por la estepa castellana.

Castrojeriz es el «Castrum Sigerici» de la crónica Albeldense. Una calle de dos kilómetros y medio —la calle de los romeros— formando un arco a la falda del cerro fortificado, es la única arteria importante de la población. Arriba, desafiante y protector, el castillo hiere el azul del cielo castellano, mientras su cuerpo se desmorona impotente ante el paso de los días y las noches.

La ex-colegiata de Sta. María del Manzano es un verdadero museo de arte: Alfonso X el Sabio se hizo eco, en sus Cantigas, de los milagros realizados por esta advocación. La escultura de la Virgen del Manzano es del s. XIII y está realizada en piedra, policromada, con túnica azul y manto rojo. La imagen de la Virgen del Pópulo, del s. XIV, los diversos sepulcros entre los que se halla, últimamente descubierto e identificado, el de doña Leonor de Castilla, esposa de Alfonso IV de Aragón; la cajonería de nogal de la sacristía; el retablo mayor que luce seis lienzos del pintor alemán Mengs; un cuadro de S. Jerónimo firmado por Bartolomé Carduccio, en 1606; el admirable Descendimiento, la mejor copia en España del cuadro del Bronzino, cuyo original se conserva en Besançon (Francia); y en Sto. Domingo, los tapices, probablemente de Beccio, sobre cartones de Rubens; varias imágenes románicas y doce tablas flamencas; así como el claustro de S. Juan, del s. XIV, con bello artesonado mudéjar, son otras tantas joyas que jalonan el recorrido por esta histórica villa de Castrojeriz.

Frómista

A través del Puente Fitero, de 11 arcos sobre el Pisuerga, divisoria de Burgos y Palencia, llegamos a Boadilla del Camino, con espléndido rollo jurisdiccional, gótico, del s. XV, y románica pila bautismal del s. XIII. Atravesamos, en plena Tierra de Campos, tierras de pan llevar, los históricos Campos Góticos, y arribamos a Frómista. Aquí concurre el Camino que desciende de los montes

Cántabros por Reinosa y Cervatos hasta el corazón de Castilla. Este Camino, que marca el eje, la orientación fundamental de la reconquista española, forma sobre Frómista, con el horizontal camino europeo de las peregrinaciones, la cruz histórica que compendia la grandeza crucificada de España.

La reina doña Mayor, viuda de Sancho el Mayor de Navarra, mandó construir, hacia el año 1066, el Monasterio de S. Martín, cuya iglesia, restaurada en 1896, constituye la principal atracción artística de la villa y una de las cumbres románicas del Camino jacobeo: un admirable capítulo en la enciclopedia románica del arte de la Peregrinación. La vista y el espíritu se deleitan en esta maravilla, admirable por sus proporciones, su unidad de estilo y la variedad y perfección de sus 315 canecillos. El interior es de tres naves. La alegría ascensional de la linterna, triunfa sobre las trompas cónicas que convierten el cuadrado inicial en octógono perfecto, coronado por admirable cúpula. Sorprende la belleza de sus capiteles, vigorosos y expresivos.

El Hospital de Palmeros, con típicos soportales del s. XVI, ha sido convertido en moderna hostería que acoge al actual peregrino. La estatua de S. Telmo, patrono de los navegantes, nacido en Frómista en 1190 y enterrado en la Catedral de Tuy atrae nuestras miradas. Digno de atenta visita es también el retablo de la iglesia de Ntra. Sra. del Castillo, con veintiuna prodigiosas tablas castellanas bajo doseletes góticos.

Villalcázar de Sirga

Villalcázar de Sirga o Villasirga es una sorpresa en el Camino. La iglesia de Sta. María la Blanca yergue su figura gótica sobre el modesto caserío; es un ejemplar del s. XIII, de primera calidad, excepcional por su tamaño, admirable belleza y típico sabor. La imagen pétrea de la Virgen de las Cantigas, del s. XIII, atrajo con sus milagros a miles de peregrinos que, a su vuelta, los narraban por toda Europa. Su devoción fue uno de los grandes hitos marianos del Camino de Santiago. Alfonso X el Sabio fue el más sublime cantor de sus prodigios.

La capilla de Santiago constituye un valioso museo de escultura medieval. Además de otras piezas notables, como una curiosísima estatua de la Virgen encinta, los sepulcros de don Felipe, hijo de Alfonso X, el de su segunda esposa Leonor de Castro, y el de un caballero santiaguista, son obras de primera categoría que nos dan a conocer, con realismo muy castellano, las costumbres funerarias de la Edad Media. También podemos admirar un curioso relieve en que un caballero se despide de su dama. La piedra policromada

Frómista. Estatua de San Telmo; al fondo, el antiguo Hospital de Palmeros.

Villalcázar de Sirga. Detalle del sepulcro del infante Felipe y caballero despidiéndose de su dama.

padece palpitaciones casi humanas asombrada de su propia belleza.

Carrión de los Condes

Aquí nació una gran figura de nuestra literatura: el marqués de Santillana (1398-1458), el de las «Serranillas», «Canciones» y «Decires», cuya casa se conserva todavía, no lejos de la plaza.

La Guía del s. XII llama a Carrión ciudad floreciente y abundante en toda clase de productos; y lo confirma el Idrisí, autor árabe de la misma duodécima centuria.

La iglesia de **Sta. María del Camino o de la Victoria** es un edificio románico del s. XII, con fuerte y ruda portada. Según creencia popular, los toros y algunas figuras en las que se pretende ver moros y jóvenes cristianas, harían alusión al tributo de las 100 doncellas que se pagaba a los musulmanes en el lugar en que se levanta esta iglesia. En el interior, un cuadro recoge este mismo hecho legendario.

Casi en el centro de la ciudad, en la calle llamada por antonomasia «La Rúa», **la fachada románica de Santiago** extasía nuestra mirada. Es del siglo XII y su portada ostenta un arco decorado con 24 figuras que representan profetas, músicos, combatientes, alfareros... El friso superior nos depara un excelente apostolado, similar a otros del Camino —Sangüesa, Estella...— y en su parte central un soberbio Cristo-Majestad rodeado del tetramorfos, obra de factura finísima y vigorosa. Este Cristo de Carrión reúne la serenidad del de Chartres y la majestad del Cristo del Pórtico de la Gloria, y constituye uno de los más impresionantes Cristos-Majestad de todos los tiempos.

Al otro lado del río Carrión se alza el **Monasterio de S. Zoilo,** fundado en el s. XI. De la obra románica no queda apenas nada. En cambio posee un claustro renacentista iniciado con el mejor gusto por Juan de Badajoz en el s. XVI, y los sepulcros de los condes firmados por Pedro el Pintor en el s. XIII. Un incipiente Museo promete sabrosas sorpresas a los amantes del arte.

El Camino continúa por las ruinas de la Abadía de Benevívere, Calzadilla de la Cueza y S. Nicolás del Real Camino para llegar a Sahagún.

Sahagún

Sahagún de Campos es el primer pueblo de la provincia de León. **La iglesia de la Peregrina,** con la belleza semiarruinada de sus elementos moriscos, preside la población, sobre cuyos tejados sobresalen airosas las torres cuadradas del románico de ladrillo. Alfon-

Carrión de los Condes. Fachada de la iglesia románica de Santiago (siglo XII), con el friso del Apostolado, presidido por la representación de Cristo Majestad rodeado de la Almendra Mística y el Tetramorfos.

Sahagún. Iglesia de San Tirso, primicia del románico de ladrillo (siglo XII).

so VI, el rey del Mío Cid, revitalizó en el s. XI el **Monasterio de S. Facundo** que dio nombre a la ciudad, Sant-Facund —Sahagún—, encomendándoselo a los monjes cluniacenses. Sahagún se convirtió en el «Cluny» español y llegó a ser uno de los monasterios más poderosos y ricos de la península.

La abadía era un coloso..., pero con pies de barro. El pueblo leonés, independiente y fecundamente libre, se rebeló contra esta institución feudal francesa. Estas luchas y el poder y riqueza del monasterio fueron la causa de su total desmoronamiento: de aquella grandeza sólo quedan unas insignificantes ruinas.

La iglesia de S. Tirso fue construida con ladrillo y en estilo mudéjar. Este templo, del s. XII, y **el de S. Lorenzo,** s. XIII, nos ponen en contacto con los orígenes del arte mudéjar en España. Son obra de albañilería morisca, con torres cuadradas sobre la capilla mayor, decorada con arquería ciega; suelen tener tres naves de gran amplitud y armadura de madera en sus cubiertas, tempranas muestras de los espléndidos artesonados mudéjares españoles del siglo XIV.

Interesante, a pesar de sus pocos años, es el **Museo Municipal instalado en las Benedicitinas.** A la iglesia de estas monjas se trasladaron los restos de Alfonso VI y los de algunas de sus cinco esposas, desde el extinto monasterio. En Sahagún nació la gran figura de la antropología mexicana, **Fray Bernardino de Sahagún.** Hombre excepcional, que supo adelantarse a su época, formó un equipo de indígenas a quienes enseñó incluso a escribir correctamente en latín. Ayudado por este equipo de «informantes» recogió una serie de datos y dibujos cuya exactitud está demostrada científicamente en pleno siglo XX. Escribió varias obras en lengua indígena, en latín y en castellano con riguroso método científico. Libros y obras sobre su vida y trabajos sobre sus investigaciones se publican en abundancia todos los años en México, donde se le conoce y admira mejor y más que aquí en su patria...

Mansilla de las Mulas

Los peregrinos llegaban a Mansilla de las Mulas tras una jornada dura por los páramos leoneses a través de Bercianos del Real Camino y el Burgo Ranero, a cuya entrada Laffi encontró un peregrino muerto y a punto de ser devorado por los lobos.

El recinto amurallado de Mansilla de las Mulas, una de las mejores obras de fortificación medieval, asoma sus melladas almenas al espejo del Esla que le sirve de foso natural por el Noroeste. Esta villa es la patria de la protagonista de un libro, famoso en la pica-

Sahagún. Custodia, de Enrique de Arfe (siglo XVI).

Iglesia de Bercianos del Real Camino, pueblo en la paramera leonesa.

Por los *viejos* Caminos,
a la *antigua* usanza
Peregrinos *modernos*
con fe y tesón cabalgan...

Las murallas de Mansilla de las Mulas se espejan en el río Esla.

Exterior de la iglesia mozárabe de San Miguel de Escalada, consagrada en el 913.

resca española del s. XVI, «La Pícara Justina», mesonera que hace peregrinaciones y las narra con gracejo, desenfado e ironía. Dejando a la derecha la interesante iglesia mozárabe de S. Miguel de Escalada y traspuesto el Alto del Portillo, nos dirigimos hacia una nobilísima ciudad, compendio de historia y arte:

León

Ciudad dos veces milenaria, fue campamento romano de la célebre «Legio VII Gemina», como sucesora de la devastada fortaleza de Lancia. Durante la Alta Edad Media el reino de León se convirtió en uno de los hitos fundamentales del Camino de Santiago. En esta ciudad se reunían, con los del Camino francés, los peregrinos que venían por la costa y por S. Salvador de Oviedo, atravesando la Cordillera Cantábrica por Pajares y Arbas. Esto es León: una cumbre histórica y artística con dos vertientes insoslayables, la guerrera y la jacobea.

Los peregrinos penetraban por el barrio de Sta. Ana, barrio de mercaderes, judíos y moriscos donde reinaba un ambiente de estafas y confusas historias callejeras, de las que se hace eco la «Mesonera de Mansilla». Pasaban por la iglesia de **Sta. María del Mercado,** antes llamada **Virgen del Camino,** advocación típica jacobea; es un templo del s. XII, más ancho en la cabecera que en los pies, como un sarcófago.

Tres lecciones de arte da León al mundo: románico en S. Isidoro; gótico en la Catedral y renacentista en S. Marcos... Gloria de León y de España, la **«pulchra leonina»**, del s. XIII, es una de las Catedrales más hermosas del mundo. La pureza de líneas arquitectónicas que reducen la materia a los apoyos indispensables y la perfección plástica de las esculturas de los pórticos, se ven realzadas por la luz que con su cromática batuta ordena el espacio interno en una sinfonía de color y pulcritud.

La portada central la preside desde el parteluz, en fiel copia, la bellísima imagen de Sta. María la Blanca, de atrayente sonrisa. Escoltando a la Virgen, estatuas de Apóstoles, de excelente labra, entre las que distinguimos precisamente la de Santiago; en la piedra desgastada de la columnilla que lo sustenta, las huellas de los besos y el roce de las medallas peregrinas, han llegado a herir la piedra gótica en busca de protección para la ruta...

El interior, enorme y de planta perfecta, es un espectáculo grandioso de luz y colores. Su gallarda altura y su profundidad están esplendorosamente iluminadas por la mejor colección de vidrieras de España, de los siglos XIII y XV, que ocupan una superficie de 1.800 metros cuadrados. Miss King exclama al contemplarlas: «Es la única iglesia en la que uno se siente como en el corazón de una joya»... Y Walter Starkie añade: «En esta Catedral están todos los colores de los amaneceres y de las puestas de sol del paraíso»...

Imposible describir, ni siquiera enumerar, las riquezas que atesora esta Catedral. Pero hay algo que agrada sobremanera a nuestra curiosidad, por humana y jacobea: **la fiesta de las «Cantaderas»** o fiesta del «Foro u Oferta», que conmemora todos los años la liberación del denigrante tributo de las 100 doncellas. Un vistoso cortejo de muchachas con trajes regionales y danzando alegremente, se trasladan al templo catedralicio, precedidas de músicas y de un rústico carro con ofrendas que recorre el claustro. Aquí tiene lugar un curioso duelo literario entre un representante del Cabildo y otro del Ayuntamiento. Aquél defiende que se trata de un «voto obligatorio» hecho por la autoridad civil a Santiago y que en calidad de voto lo recibe. El representante del Ayuntamiento sostiene por su parte que no es voto, sino una «oferta», una ofrenda voluntaria. Todo termina amistosamente y la discutida entrega se llamará «fiesta del Foro u Oferta».

Fernando I, hijo de Sancho el Mayor de Navarra y su esposa doña Sancha, mandaron construir en el siglo XI la actual **basílica de San Isidoro** que hoy admiramos. Es románica, de tres naves y tres ábsides. La Puerta del Perdón, obra del maestro Esteban, que hizo la portada de las Platerías de Compostela, nos regala con su arte exquisito. La soberbia puerta principal luce el incomparable tímpano del Cordero, que es el primero que se decora con escenas y figuras humanas y no, como era tradicional, con el simple Crismón. En lo alto de la portada campea en estilo renacentista, cual otro matamoros, el doctor hispalense. La gran riqueza artística de esta basílica cobra rango excepcional en el llamado Pórtico o Panteón de los Reyes. Sus pinturas al temple, del siglo XII, son un gran pergamino, una página sublime arrancada de un códice y colocada en la bóveda. Cristo, sentado en el arco iris y con el Libro de la Vida en la mano, ordena el mundo de la redención. Walter Starkie, el gran hispanista, nos confiesa: «La verdad es que yo tuve la impresión de que había penetrado en una cueva y que veía de pronto una serie de visiones que flotaban saliendo de las tumbas reales... Resultan estas pinturas tan espectrales que se diría son emanaciones de los espíritus de los reyes y reinas o el ardiente espíritu del mismo San Isidoro».

El **gran Hostal de San Marcos,** convento de la Orden de Santiago, es la joya renacentista de León. El actual edificio comenzóse a construir por iniciativa de los Reyes Católicos. En la fachada un relieve de Santiago Matamoros y toda una teoría de medallones con efigies de emperadores, reyes y otros personajes; frente a ella, el crucero del siglo XV, traído desde el alto del Portillo. Las conchas jacobeas deco-

León. San Isidoro. Vista de la nave del crucero (siglos XI-XII).

León. Catedral: «Es la única iglesia en la que uno se siente como en el corazón de una joya» (Miss. King).

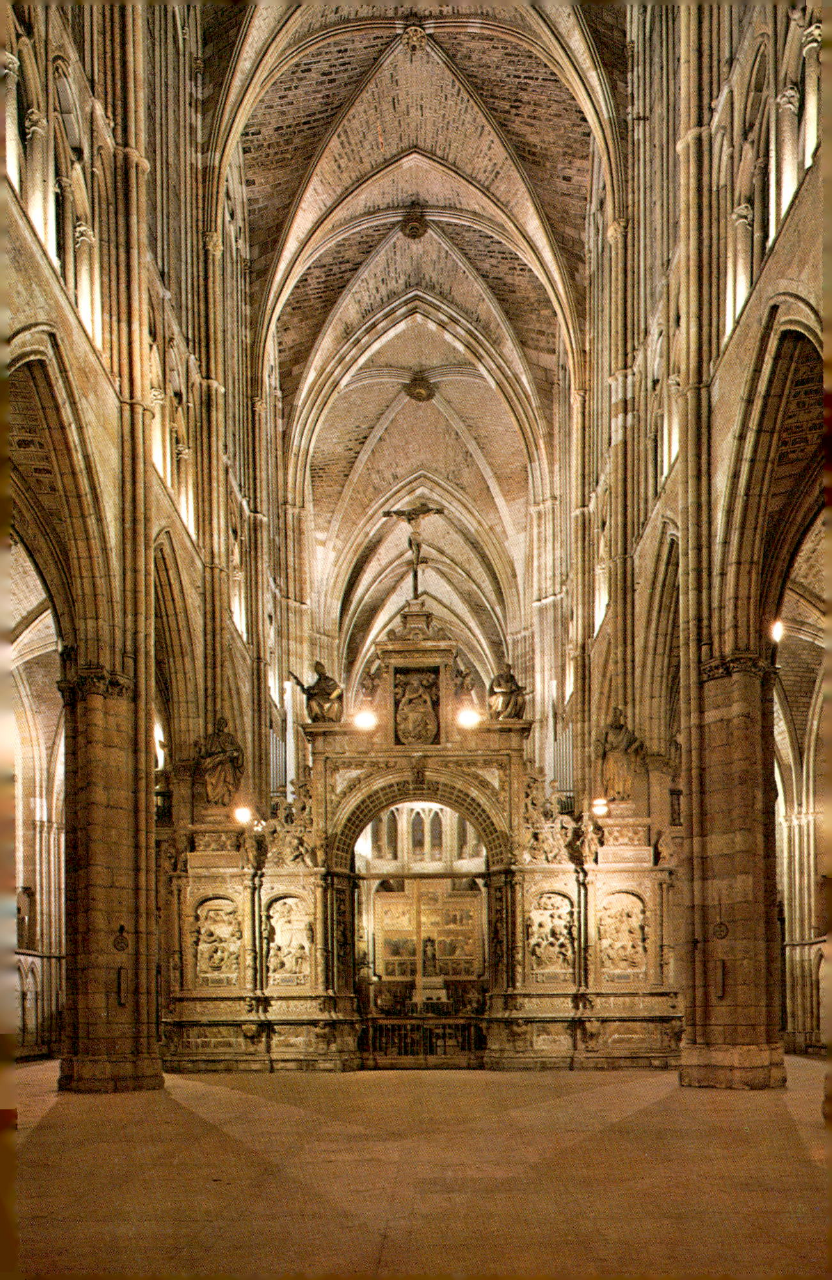

AGVSTVS

SETEMBER

OTUBER

Portada principal de occidente o de la Virgen Blanca en la Catedral de León: la escultura central corresponde a Santiago en hábito de peregrino, mientras que la columnilla de su pedestal aparece desgastada por las manos de los peregrinos.

San Isidoro de León. «Calendario románico», pinturas murales del Panteón de los Reyes (siglo XII).

León. Catedral. Sepulcro del obispo Martín Rodríguez, con representación en su frente del reparto de limosnas a peregrinos pobres.

León. San Marcos. El descuidado Hospital de Peregrinos.

León. Portada del convento de San Marcos.

León. Plaza del Grano e iglesia de la Virgen del Camino, hoy de Santa María del Mercado.

ran profusamente la fachada de la aneja iglesia. A su derecha existe todavía, en parte, el edificio que fue casa hospital de peregrinos, abandonado y olvidado. En este convento de San Marcos vivió sus años de prisión Francisco de Quevedo, caballero de la Orden de Santiago y defensor del patronazgo exclusivo de Santiago sobre España. Hoy el convento se ha convertido en uno de los más lujosos hoteles de Europa.

Atravesando el puente sobre el Bernesga, el peregrino proseguía su caminar hacia Astorga.

Virgen del Camino

El santuario de la Virgen del Camino nos da lección de modernidad y buen gusto con su novísima arquitectura e imaginería religiosa.

La Virgen se aparece en la misma ruta jacobea a un pastor del siglo XVI. Una iglesia nueva sustituye a la antigua. Sobre altísimo campanil de hormigón, la cruz que orienta a los peregrinos es la versión moderna, en medio de la paramera leonesa, de los venerandos cruceros jacobeos. La espléndida fachada sobrecoge el ánimo: los Apóstoles, labriegos leoneses inmortalizados en el bronce, obra del escultor Subirachs, rodean a la Virgen, agitados cual lenguas de fuego por un viento pentecostal. Santiago sostiene en su mano izquierda un robusto bordón, mientras nos señala la exacta dirección del Camino hacia Compostela.

Hospital de Orbigo

El largo e irregular puente sobre el Orbigo nos trae a la memoria la caballeresca aventura del «Paso Honroso de armas». Suero de Quiñones, su protagonista, es directo antecesor de Don Quijote: es el primer caballero andante español, antes del mismo Quijote, quien alude a su hazaña exclamando: «Digan que fueron burla las justas de Suero de Quiñones del paso.»

Con nueve compañeros organiza en 1434, Año Santo jacobeo o de Perdonanza, un torneo de armas para conquistar a su dama doña Leonor Tovar. Al finalizar las justas, Suero de Quiñones y sus compañeros, cuyos nombres y recuerdo perduran en unos monolitos del puente, emprende su peregrinación hasta la tumba del Apóstol ante quien el esforzado capitán ofrece, como exvoto de tan memorable Paso Honroso, una argolla de plata sobredorada que actualmente ostenta, prendida al cuello, el busto de Santiago el Menor en la Capilla de las reliquias de Compostela. El ideal caballeresco y el ideal

Santuario de la Virgen del Camino. Detalle de la fachada.

guerrero y religioso, con frecuencia inseparablemente unidos, formaban la trilogía que impulsaba el alma medieval.

Astorga

La ciudad de Astorga, la «Astúrica Augusta» de los romanos, semeja entre la niebla de los siglos y los acantilados de sus viejas murallas, un navío desarbolado y medio hundido por el peso de la Historia y la incuria de los humanos. Viniendo de León, contemplamos a la izquierda la entrada de Puerta Sol por donde atravesando la muralla, penetraban los peregrinos en esta capital de la maragatería; a ambos lados de esta puerta, el hospital de San Esteban, hoy de las Cinco Llagas, y el convento de San Francisco. En lo alto de la fachada del Ayuntamiento, dos maragatos, los populares Colasa y Perico, cantan sobre el bronce las horas de esta ciudad apacible, como ejecutores de una danza ritual del tiempo.

Impresiona contemplar la ventana de **«las emparedadas de Santa Marta»**, custodiada por barrotes de hierro sobre los que campea la inscripción latina: «Acuérdate de mi condición. A mí ayer, hoy a ti...» Parece que fue prisión voluntaria —o tal vez forzosa—, para mujeres de vida más o menos mundana. Por entre los barrotes, los peregrinos depositaban, compasivos, un pedazo de pan.

Muy cerca de la catedral y sobre las murallas medievales, Astorga reserva al viajero la visión insólita **del Palacio episcopal**. Antonio Gaudí, a finales del siglo pasado dejó en piedra de granito, de sorprendente blancura, una de las muestras más acabadas de su genio e inventiva. Sólo comparable en importancia a la Sagrada Familia de Barcelona. Castillo encantado, templo y museo, este Palacio neogótico constituye otra de las perlas insospechadas que el peregrino admirará en Astorga.

En la actualidad acoge el llamado **«Museo de los Tres Caminos»**, en recuerdo de las tres rutas que cruzaban por esta ciudad: el camino de la arriería maragata, incorregible raza viajera de todas las rutas; el camino de la civilización romana y el Camino de Santiago.

La catedral de Santa María es el monumento más relevante de Astorga. Según tradición, es iglesia apostólica fundada por Santiago y San Pablo, tradición que recoge uno de los relieves de su portada. La fachada barroca, de piedra rosada, resplandece al sol de atardeceres maragatos. A la izquierda subsiste todavía el hospital de San Juan, fundado en el siglo XII y llamado por antonomasia en la Edad Media «el hospital de Astorga». El interior de la catedral, de tres altas naves góticas, se ve realzado por el retablo mayor renacentista, obra magistral de Gaspar Becerra, el Miguel Ángel español. El

Hospital de Órbigo. Puente del «Paso Honroso».

Astorga. Vista del Palacio de Gaudí, Catedral y murallas.

Astorga. Fachada del Ayuntamiento (siglo XVII).

Astorga. Museo de la Catedral. Arqueta de Alfonso III (siglo X).

museo catedralicio nos asombra con la riqueza de sus imágenes románicas y otras obras de arte.

Rabanal del Camino

Desde Astorga a Ponferrada los peregrinos podían seguir dos rutas: la más moderna por el Puerto del Manzanal siguiendo la actual carretera. O la antigua por Rabanal del Camino y Foncebadón, que nosotros preferimos.

Nuestra andadura escala los Montes de León, atravesando toda la Maragatería con sus pueblos de milenarias costumbres, como el que dejamos a nuestra derecha: Castrillo de los Polvazares, famoso por las bodas maragatas.

Rabanal del Camino emerge entre recuerdos del pasado. Es un pueblo típicamente santiagués con una larga calle que es Camino jacobeo y una interesante iglesia parroquial, templo románico con restos del siglo XII, calificado como ejemplar de características muy especiales dentro del románico leonés, según puede observarse todavía en la pequeña portada que da acceso a la sacristía.

Desde aquí, a través de seis kilómetros de empinada cuesta, llegamos al punto más alto de este recorrido castellano-leonés:

Foncebadón

En la ladera oriental del monte Irago, aplastadas por techos pajizos se asientan las pocas casas o pallozas que quedan en Foncebadón. Es una zona anclada en la Edad Media, frente al mítico Teleno, de 2.188 ms. Aquí se hacen realidad los versos del poeta astorgano Leopoldo Panero, que escribió, contemplando las serenas puestas de sol:

> *«Medio planeta se ensombrece*
> *en las laderas del Teleno...»*

Todavía puede verse, a la salida del poblado, el paredón en ruinas de la antigua hospedería.

Un poco más arriba, en el punto álgido de nuestra andadura, señalando la divisoria entre la Maragatería y el Bierzo, a 1.500 ms. de altura, una sencilla cruz:

«La Cruz de Ferro»

Impresionan estos paisajes de telúrico silencio..., estas soledades primigenias..., y este venerado Camino de Santiago que vence las cumbres confundido casi en su afán de altura, con su homónimo de las estrellas... Y a su vera, guardián de lo siglos y las rutas, el más sencillo y a la vez el más emocionante crucero, que con su endeble contextura ha desafiado al tiempo y a los más sólidos y orgullosos monumentos. Una cruz de metro y medio se yergue sobre un mástil de madera de más de 5 ms. de altura, clavado en un cónico montón de piedras milenarias. Peregrinos, viandantes y trabajadores gallegos han ido depositando esas piedras a través de los siglos, como si fueran plegarias o suspiros petrificados... Aquí queda bandera al viento de los siglos, este insólito crucero, final de nuestra segunda etapa, fortaleciendo con su palo vertical nuestra fe peregrina, y rubricando con su extendido brazo nuestro tesonero peregrinar.

La austera Cruz de Ferro, en Foncebadón.

CAMINO GALLEGO

De Ponferrada a Santiago de Compostela, Padrón y Finisterre

Desde el Pirineo a Nájera —camino navarro—; desde Santo Domingo de la Calzada a Foncebadón —camino castellano-leonés—, nuestra andadura nos ha llevado por esta arteria abierta sobre los lomos de la España medieval, a las puertas de Galicia, tercera y última etapa de nuestro peregrinar. A través de Ponferrada y Villafranca del Bierzo; del Cebrero, Portomarín y Lavacolla, arribamos por el Monte del Gozo a Santiago de Compostela. Esta es la meta: el imán que durante más de ochocientos kilómetros atrajo nuestras miradas y guió nuestros pasos por este venerable Camino Francés que llamamos por antonomasia «El Camino de Santiago».

Ponferrada

En rápido descenso desde la Cruz de Ferro, a través de Manjarín, pueblo recientemente abandonado, de El Acebo y Molinaseca, de gran sabor jacobeo, llegamos a la industrial Ponferrada, centro de una activa cuenca minera. El obispo Osmundo construyó en el siglo XI un puente de granito para el tránsito de peregrinos; reforzado con barandillas de hierro, se convirtió en la «Pons-Ferrata» que dio nombre al burgo formado en sus proximidades. Sobre el talud del Sil, dominando el caserío y protegiendo el paso de los peregrinos por el puente, yérguese el formidable baluarte militar del castillo de los Templarios, hoy casi desmoronado, uno de los más famosos del noroeste de la Península. Era un enorme conjunto de torres superpuestas, gruesas murallas y robustas barbacanas, en su mayor parte obra de los siglos XII al XIV, último reducto de la Orden del Temple en España.

No lejos de sus ruinas se asienta la basílica de la Virgen de la Encina, cuya imagen encontraron los caballeros del Temple en un encinar cercano hacia el 1200. La actual fábrica es del siglo XVI.

El Bierzo

Desde este santuario de la Patrona del Bierzo, contemplamos esta región, verdadera Tebaida leonesa poblada de monjes, anacoretas y ermitaños visigodos, secundados por los mozárabes y románicos: Compludo..., Peñalba..., Montes..., Valle del Silencio...,

La llamada Torre del Reloj, único resto de la muralla ponferradina.

Campo de las Danzas..., fueron la morada ascética de Fructuoso, padre del monacato español, y de sus discípulos Valerio y Genadio. Los peregrinos que pasaban por el Bierzo oían hablar de sus templos mozárabes, de las minas romanas de las Médulas y de la herrería medieval de Compludo; tres originalidades subsisten todavía en esta región excepcional.

En pleno Valle del Silencio y en la ladera de la imponente mole pétrea de la sierra Aquiliana, **la iglesia mozárabe de Santiago de Peñalba** pone cátedra de elegancia suprema. Peñalba ostenta desde el año 937 una esbelta portada de doble arco de herradura, prodigio de fina elegancia frente a las bravías sierras. Tiene una sola nave y dos testeros, curvilíneos por dentro, pero cuadrados por fuera. En suma: un marco de arte soberano sobre paisajes impresionantes que encuadraron el vivir ascético de los antiguos monjes. Santo Tomás de las Ollas, a un kilómetro de Ponferrada, San Miguel de la Escalada, no lejos de Mansilla de las Mulas, y Santiago de Peñalba, en el Valle del Silencio, forman los tres miliarios del arte mozárabe del siglo X que iluminan el amanecer artístico de León durante la Reconquista.

Cerca del Camino de Santiago, no lejos de El Acebo, subsiste todavía **en Compludo una herrería medieval.** Al pie del monte Irago, Compludo fue la primera fundación monacal de San Fructuoso en el siglo VII. En pleno siglo XX, el herrero realiza, sin saberlo, el rito medieval del trabajo en cuclillas. El agua mueve el martillo pilón, o «mazo», cuyos secos golpes resuenan por las oquedades de los montes y ponen un temblor de atabal enronquecido en el corazón de los viandantes. Pero lo más original y extraordinario —secreto transmitido de padres a hijos— es la forma de producir el aire para la fragua: sólo con el agua y sin fuelle alguno consigue el herrero un impresionante y continuado chorro de aire que aviva el chisporrotear de esta insólita herrería medieval. Roma llevó el oro del Sil en tal cantidad que hizo bajar la cotización del mismo en la capital del Imperio. Montañas desgajadas y horadadas, enormes conos de tierra rojiza, siete canales escalonados en las vertientes de las montañas con recorridos superiores a los cuarenta kilómetros y embalses colosales... es lo que queda de **las minas romanas de las Médulas,** el monumento más fantástico de la ingeniería minera romana, sólo posible merced a los sesenta mil esclavos que trabajaban simultáneamente en esta verdadera «obra de romanos».

Minas romanas de las Médulas, herrería medieval de Compludo e iglesias mozárabes de Peñalba y Santo Tomás de las Ollas: tres aspectos dispares e interesantes para conocer la simpar riqueza histórico-artística de este legendario y casi desconocido Bierzo, surcado de Este a Oeste por el Camino de Santiago.

Ponferrada. Castillo de los Templarios (siglo XIII).

Minas romanas de Las Médulas: «*Mojones de sangre roja y esclava*» (Luis A. Luengo).

Herrería de Compludo. Los golpes secos de su «mazo» resuenan por las oquedades y ponen un temblor emocionado en el corazón de peregrinos y viandantes...

Santiago de Peñalba. Portada. En pleno valle del silencio, la iglesia mozárabe de Santiago pone cátedra de elegancia suprema frente a las bravías sierras.

Cacabelos

La actual iglesia parroquial de Cacabelos conserva un ábside románico, visible desde la calle de peregrinos. A dos kilómetros se encuentra otra de las joyas del Bierzo, el monasterio cisterciense de Carracedo que albergaba en su interior el palacio real románico del siglo XIII, único de la monarquía leonesa que ha llegado hasta nosotros. Pasado el río Cúa, el Santuario de la Quinta Angustia, citado ya en 1199, se interpone en nuestra ruta. Además de la bella imagen de la Dolorosa, puede admirarse en la puerta de la sacristía un curioso relieve policromado donde aparece San Antonio jugando a las cartas con el Niño Jesús.

Villafranca del Bierzo

Villafranca del Bierzo surge ante el peregrino como una tierra de promisión —el edén del Bierzo— entre viñedos y frutales. La iglesia y convento de la Anunciata; la de San Francisco, con portada románica y espléndido artesonado morisco; el grandioso convento de Jesuitas, hoy de los Paúles; y el castillo de curvos torreones, dan fe del esplendor de Villafranca.

A la entrada del caserío asiéntase **la iglesia románica de Santiago** cuya puerta del Perdón da al Camino. En ella, quienes por motivos fundados no podían proseguir su ruta hasta Santiago ganaban las mismas indulgencias que en Compostela; como en la ciudad del Apóstol, la víspera de cada Año Jubilar los batientes de esta puerta se abren con renovado rito jacobeo para acoger al devoto peregrino.

Descendían los peregrinos por una de las más bellas calles de toda la ruta: **la calle del Agua,** excepcional por su exhibición de escudos nobiliarios, portadas con arcos y balcones de hierro forjado donde las flores cantan el contrapunto de sus colores y perfuman el recuerdo de dos glorias de Villafranca: el polígrafo padre Sarmiento y el novelista y cantor del Bierzo, Gil y Carrasco. Sus casas solariegas se asoman, no lejos una de otra, a la belleza y sugestión de esta calle santiaguista.

Próxima al río Burbia, frente al típico barrio de Tejedores, cuyas blancas viviendas parecen prendidas en la ladera del monte, se yergue **la Colegiata,** reedificada en 1533, sobre la antigua abadía benedictina. Se pensó construir una catedral que, de haberse realizado de acuerdo con los planos de Rodrigo Gil de Hontañón, que entonces trabajaba en la catedral de Astorga, hubiese constituido uno de los templos más maravillosos de la región.

Después de Villafranca, el valle se torna angosto, encarcelado

Villafranca del Bierzo. La calle del Agua, una de las más bellas de la Peregrinación.

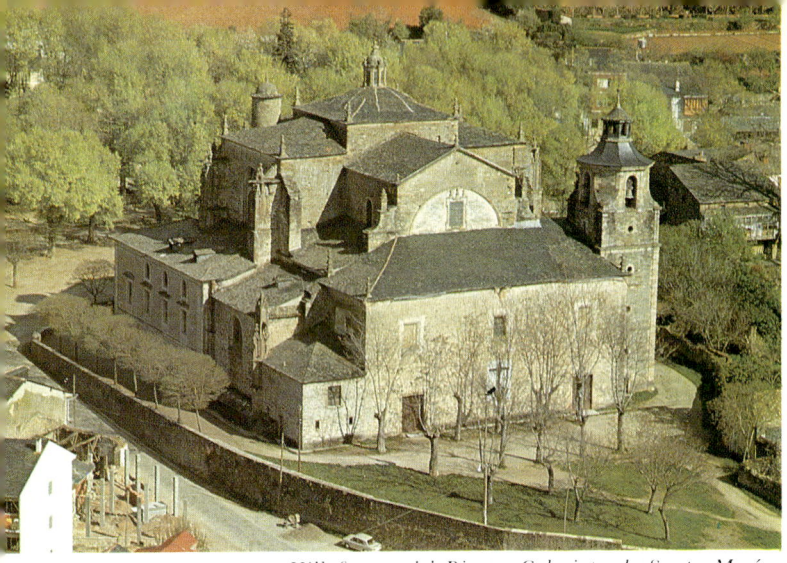

Villafranca del Bierzo. Colegiata de Santa María.

Villafranca del Bierzo. Puerta del Perdón, en la iglesia románica de Santiago.

entre montañas: Val-cárcel. Pasamos por Vega de Valcárcel, bajo la sombra del castillo de Sarracín, y llegamos a Herrerías. Aquí comienza la subida al Cebrero.

El Cebrero

A través de interminable serpenteo, el peregrino llegaba en pronunciada y fatigosa ascensión hasta el Cebrero, bastión de fe, cumbre geográfica y mística a la entrada de Galicia. En estas alturas de unos 1.100 metros, batidas gran parte del año por ventiscas, cubiertas de nieve y envueltas en persistente niebla, se estableció, tal vez desde el siglo IX, un monasterio con iglesia y hospital para servicio de peregrinos. El paso de Cebrero es comparable en importancia y dificultad a los de Roncesvalles y Somport en los Pirineos, Pajares en el camino de León a Oviedo y monte Irago entre Astorga y Ponferrada. La restaurada hospedería de San Giraldo, alivio esperanzador del cansado peregrino, mantiene vivo el fuego de caridad entre nieves y fríos.

El Cebrero constituye una de esas supervivencias que nos trasportan a siglos pasados y nos hacen penetrar en el fondo recóndito del presente. Aquí comienza Galicia: la gaita gallega, la gaita celta, es su símbolo musical. Sobre el bordón de su alma tensa, la melodía desgrana su morriña y estremece con temblor de amanecida el corazón de Galicia entera:

> «*Miña gaitiña gallega*
> *sinte como* : *ha persoa*
> *unhas veces canta e ríe*
> *e outras veces, xime o chora...*»

Y como contrapunto agridulce, el «aturuxo» o grito celta de desafío, de jocunda alegría o de guerra, brinca de cumbre en cumbre, retumba de valle en valle como un eco lejano de insondables siglos que aprieta el corazón y reblandece los ojos.

Los gallegos conservan muchas costumbres ancestrales. El Cebrero es buen ejemplo con sus pallozas que forman una verdadera «citania» celta al lado del santuario. Las pallozas, de planta oval o curvilínea, con techumbre de tendencia cónica recubierta de bálago o paja, recuerdan sin duda las que se utilizaban en los castros prehistóricos de la edad de hierro en el noroeste de la Península. Hoy están destinadas a acoger el proyectado museo etnológico de Galicia.

La iglesia del Cebrero conserva bien la cabecera de tipo asturiano, del siglo IX. Fue reconstruida en el siglo XI y restaurada con

El Cebrero. Cumbre geográfica y mística a la entrada de Galicia.

El Cebrero. Cáliz del Milagro. ▶

HOC IS A C RAT

acierto en 1962. La fama del santuario del Cebrero se debió en gran parte al milagro ocurrido, según el padre Yepes, hacia 1300, y narrado en bulas pontificias y otros documentos: durante una misa, celebrada por un sacerdote de poca fe y a la que asiste, a pesar de la nieve y el frío, un campesino del pueblecito de Barjamayor, la Hostia se convierte en carne sensible a la vista y el vino en sangre. Los Reyes Católicos admiraron este milagro y regalaron las ampollas de cristal de roca donde se conservan las reliquias del portento. El cáliz en que se obró el prodigio es una valiosísima joya románica. Carlos V, invitado a admirarlo, dijo que no necesitaba verlo, pues él creía; que lo viese para confusión suya el hereje que lo negaba. El relato de este milagro eucarístico se extendió por Europa merced a los peregrinos. Algunos autores quieren situar aquí el origen de la leyenda bretona de Walfran, inmortalizada luego por Wagner en la música de su Parsifal. El Cebrero sería el mítico monte donde se realizaría el milagro del Santo Grial gallego, que los peregrinos trasportarían por los caminos de Europa. El cercano castillo de Balboa sería la fortaleza parsifaliana de Klingsor.

Triacastela

Desde el Cebrero los peregrinos continuaban por las crestas de las montañas. Pasados Linares y Padornelo con el Alto de Sta. María del Poyo, descendían hasta Santiago de Triacastela. Fue final de etapa y tuvo hospederías y hospitales. Es curiosa la existencia de una cárcel de peregrinos: tiene por barrotes fuertes maderos; en las tablas podemos apreciar diversas inscripciones y varios gallos, símbolo francés de la anhelada libertad. Modernamente se ha erigido en Triacastela un Monumento al Peregrino.

Samos

La carretera se aparta ahora del primitivo Camino que discurría por San Gil, Pintín y San Mamed del Camino. Algunos jacobitas visitarían, como nosotros, el grandioso Monasterio de San Julián de Samos, cuya iglesia ostenta una espléndida fachada barroca. Existía por lo menos desde el s. VIII y albergó monjes mozárabes venidos de Córdoba y Toledo. Sufrió varias reconstrucciones e incendios. Dignos de admiración son los claustros del monasterio, uno con la estatua del P. Feijóo y el otro con la monumental fuente de las Nereidas. Junto al monasterio existe una capilla con elementos mozárabes, tal vez del s. X, a la sombra de un enhiesto ciprés.

Samos. Fachada de la iglesia abacial.

Sarria

Dejamos el estrecho valle de Samos, tan escondido entre altos montes, dice el P. Feijóo, «que sólo ve las estrellas cuando las logra verticales»..., y llegamos a Sarria. En la portada norte de la iglesia de San Salvador podemos ver un tímpano con la figura de Cristo toscamente labrada. Pasamos junto al castillo, admiramos el Hospital de la Magdalena, nacido en el s. XIII, hoy convento de los Mercedarios, y bajamos la empinada cuesta para dirigirnos a

Barbadelo

En medio de prados y maizales, el granito gallego de Santiago de Barbadelo florece en capullos de románica belleza a la vera del Camino jacobita; es una iglesia importante por la abundante decoración y por el extraño simbolismo de figuras y animales.

Por carballeiras y pastizales desciende el Camino hacia el Miño, dejando a un lado el emplazamiento del célebre Monasterio de Sta. María de Loyo, primitiva Casa-madre de la Orden de Santiago. A lo lejos divisamos

Portomarín

Sólo era un puente y una casa-hospital, pero fue creciendo en importancia debido a su estratégica situación en la ruta hacia Compostela. El embalse de Belesar sumergió la antigua villa bajo las aguas del Miño. Allí quedó la «Puente Miña», rehecha por Pedro Peregrino en 1120. A veces cuando las aguas descienden pueden verse en la orilla del Miño los restos esqueléticos del antiguo poblado; y en medio del río, un muñón de piedra, único vestigio del famoso puente de peregrinos que mira allá arriba, en un otero, la nueva y blanca villa en la que reconoce viejos vecinos de antaño.

La iglesia prioral de los Caballeros de San Juan, uno de los viejos vecinos de la «Puente Miña», alza su figura elegante y robusta, sobre el poblado. Montada piedra a piedra, esta iglesia-fortaleza sorprende por su excelente cantería románica. Es de una sola y gran nave, con ábside semicircular. Ostenta tres hermosas portadas; sobre las crestas almenadas y en la parte alta de la fachada, dividida de la inferior por una airosa imposta de canecillos, campea un excelente rosetón que bebe la luz del poniente y elimina la oscuridad del románico templo. En la arquivolta interior de la portada principal se asientan en forma radial los 24 ancianos del Apocalipsis,

Portomarín. Iglesia de los Caballeros de San Juan de Jerusalén (siglo XII).

tañendo sus instrumentos en el marco apropiado de esta nueva y acogedora plaza de Portomarín. La decoración de este templo y la del de Santiago, también en esta villa, tienen gran semejanza con la del Pórtico de la Gloria, como probables y casi seguras obras del mismo Maestro Mateo.

Lameiros y Ligonde

El Crucero de Lameiros, pequeña aldea de la ruta, contempló el caminar jadeante de miles de peregrinos:

> *¿A dond'irá meu romeiro,*
> *meu romeiro a dond'irá?*
> *Camiño de Compostela*
> *non sei s'alí chegará...*

Sacando fuerzas de flaqueza y con la mirada fija en cruceros como el de Lameiros, exclamaba el peregrino con el mismo romance:

> *«S'agora non teño forzas...*
> *meu espritu m'as dará...*

Cerca de Lameiros, sin otra vía de acceso que el viejo Camino jacobeo, Santiago de Ligonde posee un emotivo recuerdo de la peregrinación: un cementerio de peregrinos, humilde, con tapia de sólida mampostería en la que sobresale una cruz de granito, situada a la vera del Camino. ¡El Peregrino!: el romero es símbolo de ese anhelo que bulle en lo hondo de toda alma grande y que León Felipe acertó a expresar así:

> *«Ser en la vida*
> *romero,*
> *romero solo que cruza*
> *siempre por caminos nuevos...*
> *Ser en la vida*
> *romero,*
> *sin más oficio, sin otro nombre*
> *y sin pueblo...;*
> *ser en la vida romero...,*
> *romero...,*
> *sólo*
> *romero...»*

Monasterio de Vilar de Donas. Portada románica de la iglesia.

Monasterio de Vilar de Donas. Detalle de las pinturas murales.

Vilar de Donas

Antes de llegar a Palas de Rey encontramos cerca de la ruta, a nuestra derecha, la Casa de Capítulo de los caballeros de Santiago, dedicados a la protección de los peregrinos: Vilar de Donas. Fue monasterio y casa de enterramiento de los Caballeros radicados en Galicia que morían combatiendo al moro. Sólo se conserva la iglesia, en cuyo interior podemos admirar un buen retablo de granito, con el Descendimiento y una escena que bien pudiera representar el milagro eucarístico del Cebrero. Las excelentes pinturas, de principios del s. XV —o tal vez del XIV— cubren todo el ábside. Según Chamoso Lamas y Pons Sorolla, estas pinturas son la muestra pictórica más importante descubierta hasta el presente en Galicia. Maravilla la escena de la Anunciación. Las «Donas», las Dueñas, están aquí retratadas con grandes tocas de finos pliegues. El pueblo identifica a una de ellas como «Doña Vela» por la inscripción algo borrosa: «Dios vela en mí». Donas de penetrantes miradas y suave sonreír. «¡Giocondas de Galicia —dice Cunqueiro— de misteriosa y abstraída sonrisa...»

Palas de Rey

Palas de Rey, última etapa del Códice Calixtino, antiguo «Palatium Regis», es hoy una moderna villa de conocido espíritu jacobeo. La iglesia de San Tirso se adorna con una sencilla portada románica.

Pasado San Julián del Camino emerge en el horizonte, a nuestra izquierda, la hermosa fortaleza de Pambre, toque de hidalguía entre montes y prados. Fue una de las mejores de Galicia. La torre del homenaje, robusta añoranza medieval invadida por la yedra, cruza sus estrofas románticas con la melodía quejumbrosa del río Pambre, juglar acuático que canta a sus pies...

Mellid

En medio de una zona abundante en huellas arqueológicas de antiguas épocas, y al comienzo de la provincia de La Coruña, se halla Mellid, importante villa en tiempo de las peregrinaciones y cruce de caminos jacobeos. A la entrada nos saluda la iglesia románica de San Pedro y su bello crucero del s. XIV; y a un kilómetro del poblado nos despide la iglesia de Sta. María, del s. XII, de una sola nave y bello ábside taladrado por ventana abocinada; en su interior podemos admirar unas pinturas murales del s. XV.

Lavacolla

Camino y carretera siguen desde Mellid sensiblemente unidos. Atravesamos Arzúa, con iglesia dedicada a Santiago, y llegamos a Lavacolla, cerca del aeropuerto compostelano. Aquí y a otros lugares del Camino llegaban los aposentadores de Santiago a ofrecer sus servicios, en reñida competencia, embaucando a los peregrinos con fraudulentas recomendaciones de posadas.

Dice Aimerico Picaud: «En Lavacolla los peregrinos no sólo se lavaban la cara, sino que por amor al Apóstol se lavaban todo el cuerpo, limpiándose de toda suciedad, después de despojarse de sus vestidos». El Monte del Gozo se yergue frente a nosotros...

Monte del Gozo

¡Monte del Gozo! ¡Monxoi! Desde Lavacolla se organizaba una carrera de competición para ver quién alcanzaba antes la cumbre del monte y contemplaba primero las torres de la Catedral de Santiago. Esta victoria llevaba consigo el nombramiento de «Rey» de la caravana y tenía anejos privilegios y exenciones. Leroy, Roy y Rey han permanecido como apellidos entre muchos españoles y franceses que consiguieron este título. Al llegar a la cumbre del Monte del Gozo, los peregrinos contemplaban por primera vez las torres de la ciudad del Apóstol. Desde este lugar, Compostela aparece a nuestros pies —en frase de Eugenio Montes— «como una concha en la esclavina del paisaje gallego».

Después de cientos de kilómetros, de grandes fatigas, sudores y hasta desalientos, el peregrino alcanzaba aquí las cotas más altas del monte de su emoción y fervor. Laffi, tres veces peregrino de Santiago, nos dice: «Al llegar a la cumbre de una montaña llamada Monte del Gozo, donde descubrimos el tan suspirado y gritado Santiago..., postrándonos de rodillas y por la gran alegría, cayeron de los ojos las lágrimas y comenzamos a cantar el Te Deum... Pero los continuos sollozos hicieron cesar el canto.» Los que iban a caballo hacían el resto del camino a pie; muchos lo proseguían descalzos, regándolo de lágrimas... Las cruces rústicas que señalan la cumbre del Monte del Gozo, no lejos de la ermita de San Marcos, son sin duda la floración espiritual de este gozo entre sollozos, premio de un esforzado caminar...

Lavacolla. Crucero y comienzo a la subida al Monte del Gozo. ▶

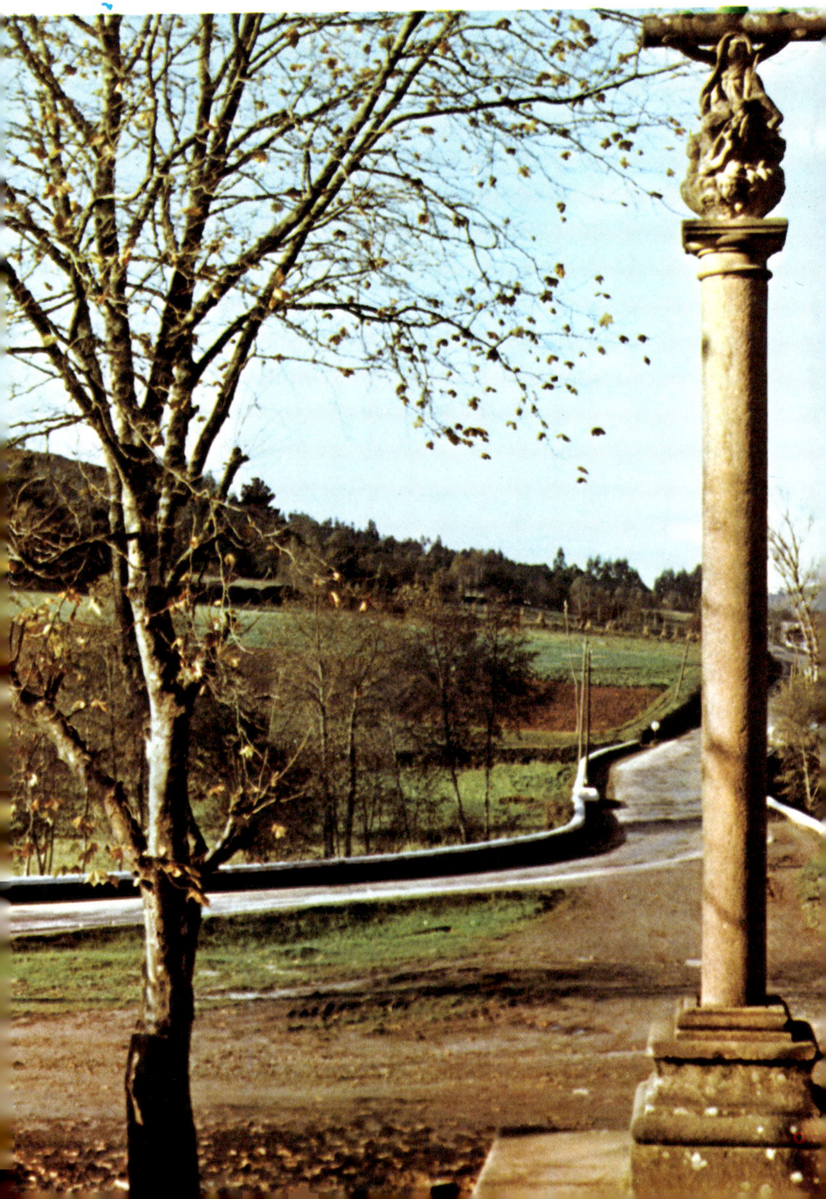

Castillo de Pambre, antiguo señorío de los Ulloa, inmortalizado para la Literatura por López Ferreiro.

Eiroa, uno de los más impresionantes «cruceiros» de Galicia. ▶

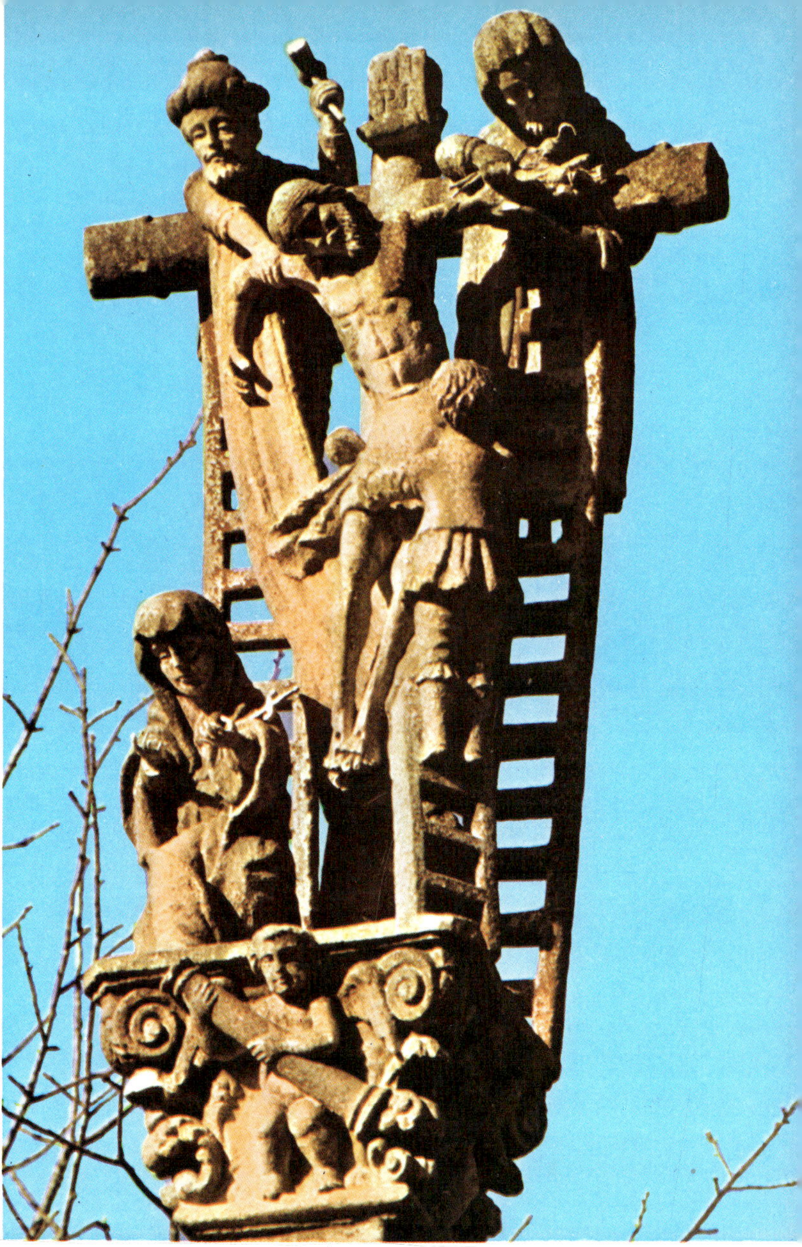

SANTIAGO DE COMPOSTELA

Así llegaba el peregrino a Compostela. El Códice Calixtino nos dice:

«Compostela, la excelentísima ciudad del Apóstol, posee toda suerte de encantos y tiene en su custodia los preciosos restos mortales de Santiago, por lo que se la considera justamente la más feliz y excelsa de todas las ciudades de España.»

Renació y cobró importancia a comienzos del s. IX, al crecer la fama del Sepulcro del Apóstol; así se convirtió en una de las principales ciudades de toda la cristiandad. Ciudad medieval y moderna a la vez, fue fundada por los siglos sobre un sepulcro, que es al mismo tiempo fuente de vida espiritual y fervor. Todos los estilos, desde el más puro románico hasta el más exuberante barroco, rinden pleitesía al Apóstol. Desde el Paseo de la Herradura, que rodea a un antiguo castro, se contempla la Catedral, verdadero paisaje de granito florecido, donde sobresalen las torres del Obradoiro, triunfo sublime del barroco gallego, simbólicas custodias de 70 metros de altura, ascensional alegría de la materia impulsada por la fe...

En un antiquísimo cementerio de los siglos I al VI, Alfonso II el Casto mandó edificar una iglesia sobre el mausoleo del Hijo del Trueno. Tras sucesivas reconstrucciones, comiénzase hacia 1075 la actual iglesia románica. A finales del s. XII el Maestro Mateo sustituye una de las fachadas por el actual Pórtico de la Gloria; y en el s. XVIII Casas y Novoa alza las torres del Obradoiro. Desde las torres de Compostela el tañido ecuménico de sus campanas horada el aire de los siglos y anuda en su plural repique la historia, la tradición y el renovado fervor actual.

El navío pétreo de la catedral compostelana navega seguro por el proceloso mar de los siglos, captando en las antenas barrocas de sus torres las ondas divinas que orientan nuestro arriesgado navegar: en su puesto de mando no faltará nunca Santiago Apóstol, el «Patrón sabido» del poeta medieval.

Cuatro plazas, cada una con personalidad propia rodean la catedral y se corresponden con sus cuatro fachadas. *Las Platerías*, escoltada por la torre del Reloj, por el edificio plateresco que cierra el claustro en cuya planta baja se alojan los plateros, y en el lado Sur por la barroca Casa del Cabildo. *La Quintana*, a cuyo recinto grandioso se asoman los ábsides catedralicios y el muro solemne de San Payo, taladrado por 48 ventanas enrejadas; sin duda contemplan la multitud de peregrinos que transponen la Puerta Santa o del Perdón, que en solemne ceremonia, más antigua que la que se celebra en San Pedro de Roma, se abre cada Año

Compostela. «Cruz dos Farrapos», en el tejado, junto al cimborrio de la Catedral.

Santo, como un portillo de cielo para perdón de la tierra... *La Azabachería*, frente a San Martín Pinario y escoltada por el Palacio Episcopal. Aquí estuvo el «paraíso», centro comercial donde se vendían en la Edad Media, además de los azabaches, toda clase de objetos: conchas, hierbas medicinales, zapatos, botas de vino, escarcelas, etc. Y finalmente *la plaza del Obradoiro*, que lanza al cielo los gemelos mástiles de sus torres, frente a la fachada neoclásica del Palacio de Rajoy, actual sede del Ayuntamiento. A su lado se alza el Hospital de los Reyes Católicos, fundado por don Fernando y doña Isabel en el s. XVI y construído según planos de Enrique de Egas. Fue durante siglos el Gran Hospital Real, importante centro de beneficencia que acogía gratis a los jacobitas que presentaban el certificado pertinente. Hoy se ha convertido en lujoso Hotel de Turismo. Frente a él, el Colegio de San Jerónimo, con una curiosa portada del s. XV, de estructura románica. Estos tres edificios, con la fachada del Obradoiro, delimitan esta plaza, una de las plazas definitivas del mundo.

Ejercitados los ojos en la contemplación de lo grandioso y atento el espíritu para lo sublime, penetremos en la catedral.

Pórtico de la Gloria

Un estremecimiento profundo sacude el hondón de nuestro ser..., y un rapto de emoción agita los ramajes del alma... al contemplar este portento de piedra humanizada que alberga y exhibe increíbles latidos de vida: EL PORTICO DE LA GLORIA, GLORIA DE TODOS LOS PORTICOS.

El románico fue capaz de enseñar asombrando, ejemplo de estética y de pedagogía. Asombra esta obra maestra por el claro y preciso orden de ideas plasmado artísticamente en la distribución de sus tres arcos: Una unidad lógica, con rigor escolástico, verdadera «Suma teológica» en piedra, preside, distribuye y concatena todos sus elementos que componen al mismo tiempo un drama divino y un canto apocalíptico, signo y expresión de algo que está más allá de la materia y del arte. Unamuno exclamaba: «Ante este Pórtico hay que rezar de un modo o de otro: no cabe hacer literatura»...

La fachada, de principios del s. XII, fue sustituida por el pórtico actual en torno al año 1188. Es un nártex o vestíbulo encajado entre las dos torres románicas. Arquitectura y escultura se funden maravillosamente con portentosa precisión. Mas de 200 estatuas, sin contar las de los capiteles y columnas historiadas, viven, conversan o cantan en este teológico tríptico. Consta de tres arcos, correspondientes a las tres naves, apoyados en pilares compuestos. Es la obra cumbre del arte de la peregrinación.

Compostela. El Pórtico de la Gloria, gloria de todos los pórticos. ▶

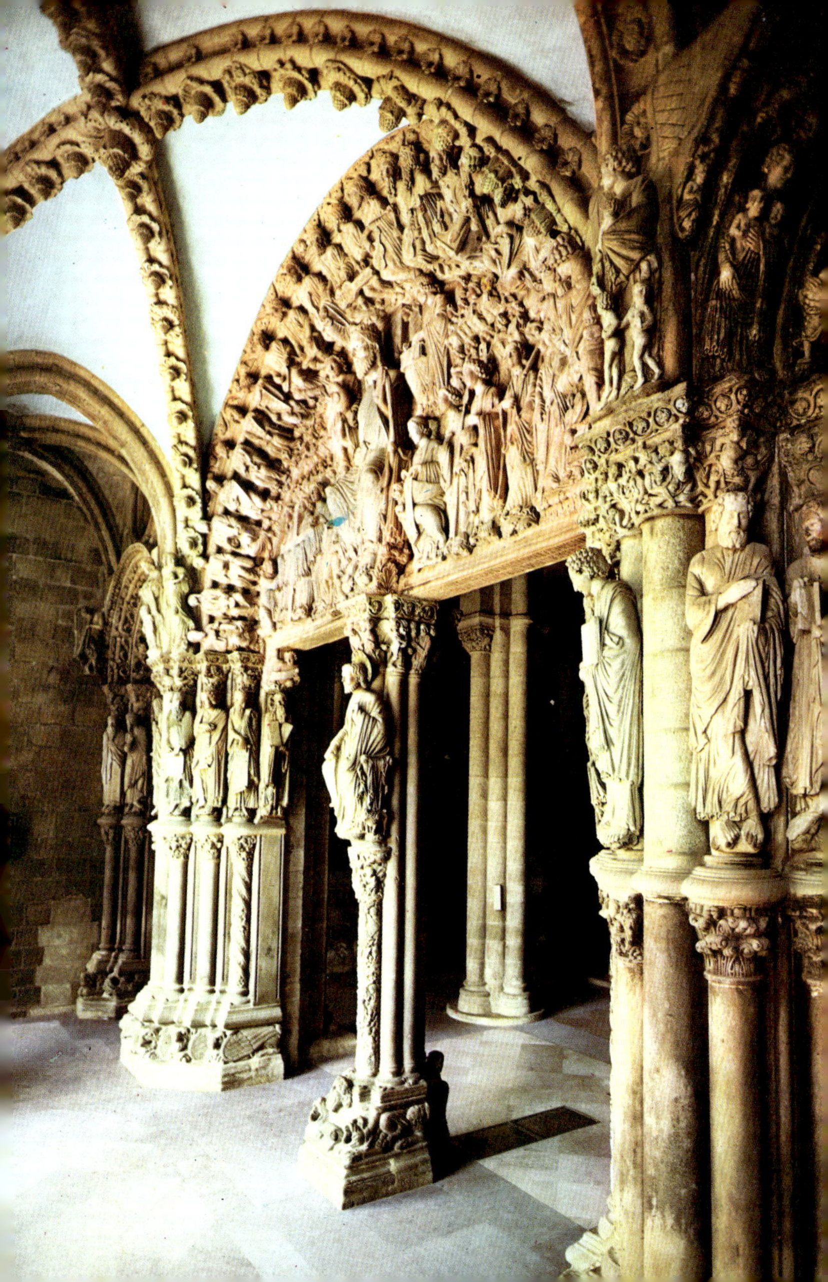

Tímpano.—El tema central es una magna exposición de la gloria de Dios basada en el Apocalipsis. La gloria celestial se representa en el espléndido tímpano, de extraordinarias proporciones. Formando corona, el Senado de Cristo, los 24 ancianos del Apocalipsis. Sentados en sentido radial y agrupados por parejas dialogan mientras preparan y afinan sus instrumentos músicos: cítaras, arpas, salterios, violas...; y en la clave, en lugar preferente, la zanfona, tradicional instrumento de juglares gallegos y que Faustino Santalices describe como:

> «*Cinco cordas que cantan,*
> *que suspiran, rin ou choran;*
> *son a i-alma de Galicia*
> *morriñenta e soñadora...*»

En torno a la figura del Salvador, que con rostro digno y sereno preside la escena, todo está preparado para ese divino y eterno concierto que va a comenzar... «Digno es el Cordero de recibir toda gloria y honor»...

Columna de Jesé.—La columna central que sostiene el tímpano es una prodigiosa obra esculpida en mármol. En el fuste se da un compendio de la genealogía humana de Cristo: De Jesé, recostado en la parte inferior de la columna, ascienden las ramas de su árbol a través de David que toca el arpa y de Salomón que empuña el cetro. En lo alto, libre de ramaje, como simbolizando a la Inmaculada, la Virgen María... El nacimiento de Jesús, las tentaciones, —comienzo de su vida pública— y la Trinidad, —genealogía divina del Hombre-Dios—, completan en sendos capiteles este resumen de la vida de Cristo.

Arco de la izquierda.—Todo el Antiguo Testamento es preparación para la venida de Cristo y su glorificación. En el arco de la izquierda se representa al pueblo judío del Antiguo Testamento, cuya idea-madre es la promesa mesiánica. En la clave de la arquivolta inferior, Adán y Eva ven en medio al Salvador prometido —principio de la redención— como lo vieron proféticamente los Patriarcas que aquí aparecen. El bocel, símbolo de la esclavitud, aprisiona a las diez tribus de Israel que sufrieron el cautiverio. Entre este arco y el central, los hombres que observaron la Ley son llevados, en forma de niños, hacia la gloria de Dios.

Arco de la derecha.—Si el arco de la izquierda es el Alfa, el comienzo de la Redención, el de la derecha será la Omega, el fin: El Juicio Final. En medio aparecen Cristo Juez y San Miguel, rival de Satanás en la lucha del bien y del mal. En la parte izquierda de estas arquivoltas —derecha de Cristo— se simboliza a los bienaventurados en forma de niños, protegidos por ángeles. A la izquierda del Juez Supremo, los condenados, el infierno: espeluznantes demonios con pies de buey o de caballo engullen y atenazan a los réprobos, esclavos de los vicios. Es una composición plena de vigor dramático —el infierno del Dante en granítica lava pululante— que Rosalía de Castro contemplaba:

> «mitá asombrada..., mitá con medo...!
> Q'aquéles todos se me figuran
> os d'un delirio mortaes espeutros...!»

No falta el detalle anecdótico y localista del que, con no disimulada gula, devora la empanada gallega y del que exprime el pellejo de vino —tal vez del Ribeiro, que ya en el s. XII gozaba de merecida fama, o de Amandi que cataba Alfonso X el Sabio...

Apóstoles y Profetas.—Volvamos de nuevo al arco central. Todo el peso de la «Ciudad Celeste», de la Gloria de Dios, descansa sobre dos series de doce columnas en cuyos fustes se representa a Profetas y personajes del Antiguo y del Nuevo Testamento: Moisés, grave, solemne, aguantando el peso de las Tablas de la Ley; Isaías, de adusto gesto; Daniel, con pícara sonrisa, y Jeremías, pensativo y doloroso: figuras bíblicas con profecías a flor de labios. Enfrente, Pedro con sus llaves; Pablo casi calvo; Santiago con su bordón en forma de «Tau» y de idéntico rostro al del parteluz; Juan jovial e imberbe.

Todo es realismo y perfección en este Pórtico: Apóstoles expectantes; Profetas dicharacheros; mirada avergonzada de Ester; gracia y encanto femenino de Judit; murmullo continuado de conversaciones e invitación muy expresiva al silencio... Los pliegues de los mantos no son de piedra, sino de tela; las caras no son retratos sino personas vivas que sonríen, discuten y dialogan: un mundo apasionantemente humano bulle y palpita en este Pórtico, maravilla de unidad y asombro de individualidad iconográfica.

Imposible describir este torrente de vida que corre por las venas del granito y lo convierte en carne viviente y palpitante, creando esa atmósfera tan humana y tan divina. Uno palpa, dubitativo, el granito de tacto frío, y —con Rosalía de Castro— todavía duda...

> «Santos e apóstoles, ¡védeos!, parece
> qu' os labios moven, que falan quedo
> os uns c'os outros,...
> ¿Estarán vivos? ¿Serán de pedra
> aqués sembrantes tan verdadeiros,
> aquelas túnicas maravillosas,
> aqueles ollos de vida cheos?»

Detalle de la riqueza escultórica del Pórtico de la Gloria.

Pórtico de la Gloria: cinco dedos —cinco rutas de fe— sobre el mármol, reblandecido por el fervor de millones de peregrinos.

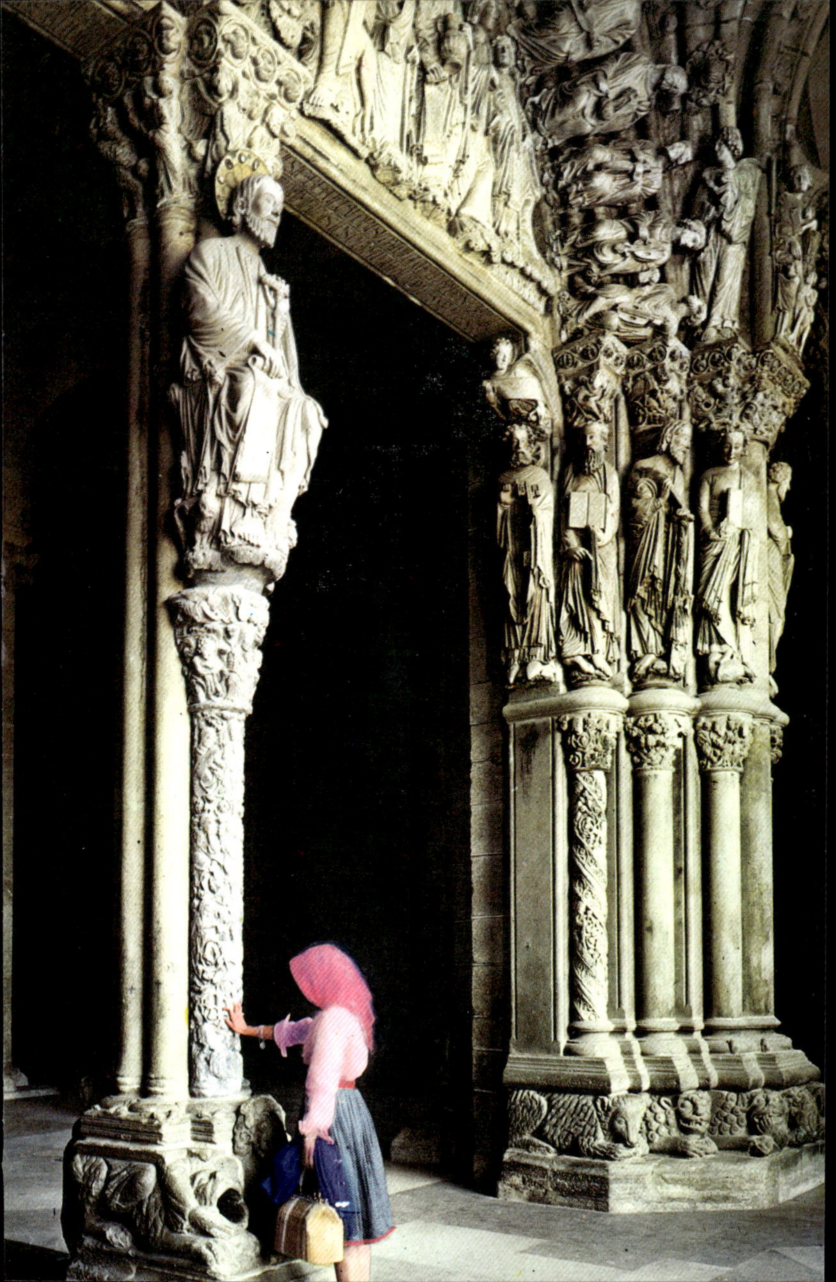

Retablillo de alabastro policromado, con escenas de la vida de Santiago, donado por el inglés Juan Gudgar, en 1456, en la Capilla de las Reliquias de la Catedral compostelana.

sci iacobi martiriu sci iacobi traslacio s

Sant-Yago.—Y en medio de toda esta visión, de este capítulo de Teología que el peregrino aprendía asombrado, la figura bondadosa del Patrón, del Amo del santuario compostelano: SANT-YAGO: Nobilísima imagen sedente en actitud dulce y señorial, como recibiendo y dando la bienvenida a sus devotos. Está coronado con un nimbo de cobre dorado, descalzo, portando «el bordón de sus peregrinaciones», en forma de «Tau», en la mano izquierda y una larga filacteria en la derecha, con el expresivo texto bíblico: «El Señor me envió.»

Santo dos croques.—Arrodillado detrás del parteluz, de cara al altar mayor y al Sepulcro del Apóstol, en ademán contrito, el autor de este prodigio: el Maestro Mateo. La estatua, verdadero autorretrato, nos lo presenta relativamente joven, imberbe, con mucho pelo acaracolado y cara rellena. Las gentes le llaman «el santo dos croques», el santo de los coscorrones, porque es tradición golpear la cabeza contra la de esta estatua para que el autor de esta maravilla románica comunique a sus admiradores algo de sabiduría.

Cinco huellas sobre el mármol.—En la columna del parteluz la devoción de millones de peregrinos ha logrado reblandecer el duro mármol: Es tradición colocar en él los cinco dedos de la mano derecha y pedir una gracia especial: Santiago la concede a quien con fervor se la implora. Cinco huellas sobre el mármol, símbolo de una fe común en peregrinos de diversos países.

Interior de la Catedral

Abrazo del Apóstol.—Traspasado el Pórtico de la Gloria surge la belleza deslumbrante del interior de la catedral, la mejor obra de arquitectura románica, paradigma de las iglesias de la peregrinación.

Al fondo se alza el altar mayor con baldaquino de profusa y fastuosa decoración barroca. El camarín alberga la imagen sedente del Apóstol, en piedra, obra del taller del maestro Mateo, aunque modificada y repintada posteriormente. Santiago aparece como «Sumo Peregrino» con esclavina, bordón y calabaza. El índice de su mano derecha y la inscripción de la cartela que en ella sostiene, señalan el lugar de su sepulcro. Desde antiguo esta imagen, de gesto y mirada acogedores, recibe el abrazo de los peregrinos al término de su ruta.

Cripta.—Bajo el altar mayor se encuentra el mausoleo romano del s. I ó II, dentro del cual fue sepultado el Apóstol Santiago. El oratorio está revestido de mármoles. Sobre su altar se halla la Urna de plata

Catedral. Altar Mayor con la estatua de Santiago, el «Patrón sabido» del poeta medieval. ▸

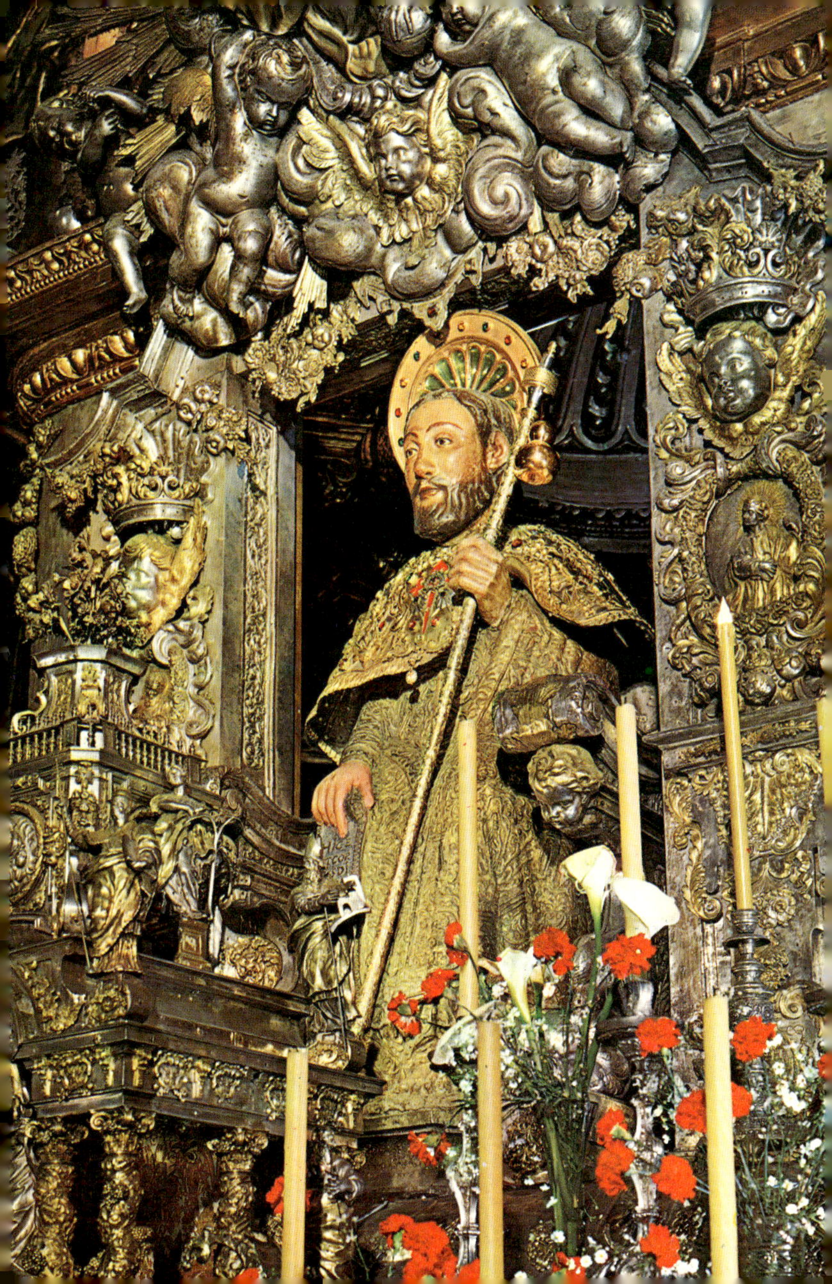

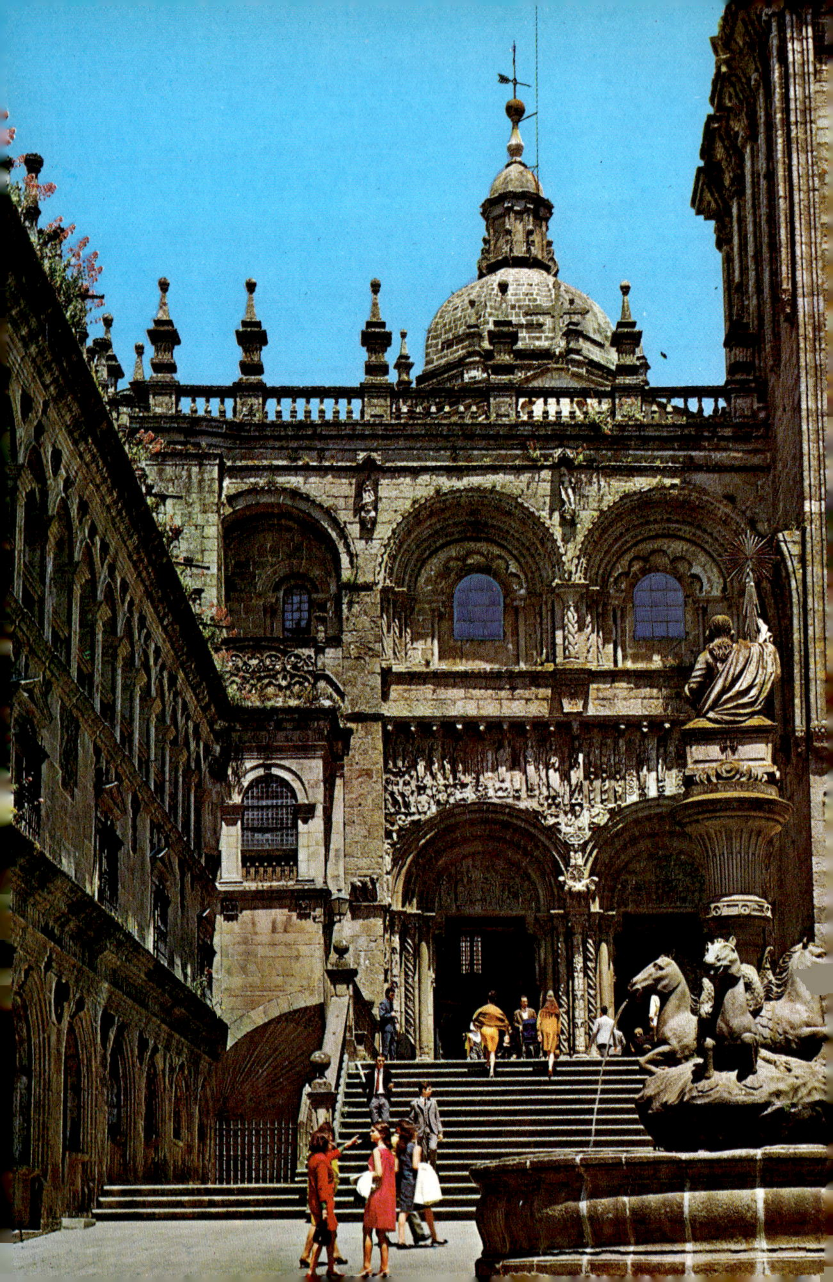

con las Santas Reliquias. Este es el «Sancta Sanctorum» de Compostela, cuya fuerza por la fe fue capaz de mover, no ya montañas, sino la Cristiandad entera.

Bajo la catedral se hallan y pueden visitarse, en parte, las excavaciones arqueológicas de que hablamos en páginas anteriores.

Botafumeiro.—Antes de salir de la basílica, cuya riqueza y variedad nos es imposible ni tan siquiera enumerar aquí, admiremos al rey de los incensarios, el «Botafumeiro». Su uso consta por lo menos desde el s. XIV; el actual, que pesa 80 kg., es de 1850 y sustituye al robado por los franceses en la guerra de la Independencia. Colgado de una maroma bajo el cimborrio del crucero, recibe un movimiento pendular que aumenta con el impulso que le transmiten unos hombres asidos al otro cabo de la cuerda. El Botafumeiro vuela por el crucero en un arco de 50 m. El blanco jeroglífico de sus volutas —suspiros de incienso— asciende hasta las bóvedas incensando la Santa Reliquia y perfumando la basílica, enrarecida por el transitar de la multitud sudorosa, mientras la procesión acompasa su ritmo con el sonar de las chirimías...

Itinerario compostelano del peregrino

Los peregrinos que llegaban a Santiago desde el Monte del Gozo, atravesaban la Rúa de S. Pedro de Afora; la parte alta de esta rúa se llama todavía «Os concheiros» y evoca a los mercaderes que vendían estas insignias a los peregrinos. Poco después llegaban a la «Puerta Francígena» o Puerta del Camino, cerca de donde se halla actualmente el Crucero de Bonaval o «do home santo». Traspasada esta Puerta seguían por la Vía Francígena que es, con trazado aproximado, la actual calle de Casas Reales, hasta llegar a la moderna Plaza de Cervantes. Desde aquí alcanzaban por la Rúa de los Azabacheros la puerta norte de la Basílica. En los Años Santos la riada de romeros torcía desde la calle de los Azabacheros hacia la izquierda para salir por la Vía Sacra a la Plaza de la Quintana, frente a la Puerta Santa.

Pasada la puerta norte, o en su caso la Puerta Santa, penetraban en el interior del templo, siempre lleno de peregrinos, ofreciendo, según la Guía del s. XII, un espectáculo maravilloso y a veces pintoresco. Venerar las reliquias del Apóstol y abrazar su efigie eran las dos primeras cosas que había que hacer. Algunos aspiraban a velar de noche en torno al sepulcro de Santiago, lo más cerca posible. Después deambulaban por la basílica viendo y admirando sus riquezas y su arte. Recogían luego la «Compostela» o certificado que acreditaba ante sus paisanos y en los establecimientos hospitalarios haber efectuado la peregrinación.

◀ *Fachada de las Platerías (siglos XI-XII).*

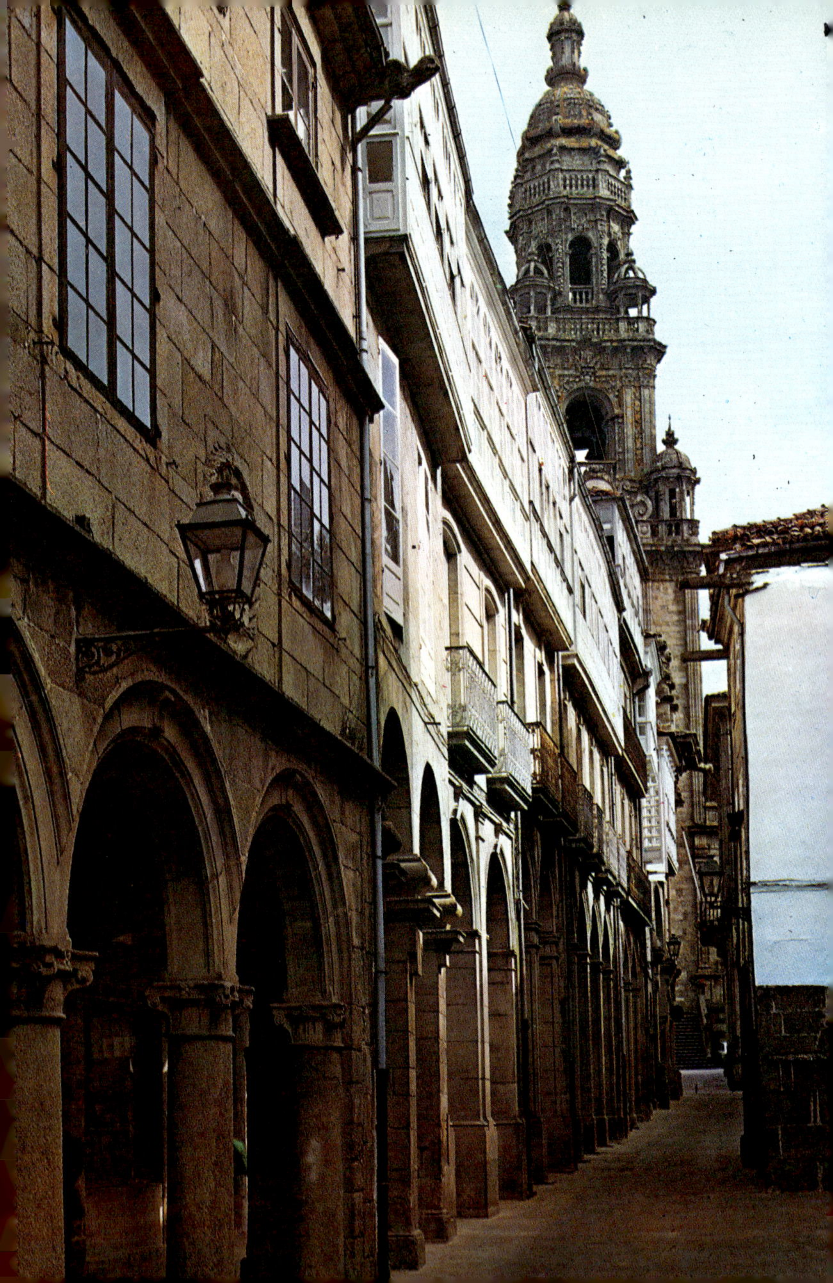

Muchos peregrinos pobres recibían vestidos nuevos, despojándose de los viejos que eran quemados en un ancho pilón, coronado por una cruz, «*la Cruz dos Farrapos*», la Cruz de los harapos. Esta cruz y este pilón existen todavía sobre el techo de la Basílica, hacia la cabecera del templo.

Tras la visita a la Catedral, los peregrinos se desparramaban por la ciudad en busca de hospedaje gratuito en los monasterios y hospitales tan abundantes en Santiago; pero como la afluencia era siempre extraordinaria sobre todo en los Años Santos, muchos tenían que albergarse en hospederías de pago que tampoco escaseaban en la ciudad. En los pocos días que permanecían en Compostela antes de iniciar su regreso, no dejarían de admirar la maravillosa ciudad.

PADRON

Antiguamente la peregrinación se completaba en Padrón, lleno de recuerdos jacobeos, y en Finisterre, preñado de mitológicos misterios. Padrón es pueblo-clave de las peregrinaciones. Alzase en el lugar de la Iria Flavia romana, donde los discípulos de Santiago desembarcaron las reliquias del Apóstol. El puerto de Iria, en la ría de Arosa, era un emporio de riqueza, como lo describe el Idrisí, en su «Descripción de España», del s. XII. Hoy los aluviones del río Ulla han cegado sus salidas al mar. *En Iria* nos acoge la *excolegiata de Santa María*. Preside el altar mayor una imagen bizantina de la Virgen, que se cree de cuarzo; arrodillado a sus pies, el Apóstol Santiago. Según tradición, aquí se levantó la primera iglesia dedicada a la Madre de Dios.

Goza de las preferencias populares «*el Santiaguiño*». Dice Ambrosio de Morales que Santiago, cuyos acentos resonaron en el finisterre conocido, «se retiraba a una iglesia que se conserva en las alturas de Padrón y que las gentes señalan como la ermita en que oraba Santiago. Subiendo más arriba, en un pico alto, donde hay muchas peñas juntas y algunas de ellas abiertas y horadadas, se dice que queriendo el Apóstol esconderse de los gentiles, porque no había de padecer acá, yéndole persiguiendo, horadó con su báculo la peña y detuvo a los malvados con el milagro». Este lugar, con ermita e imagen del Apóstol entre peñas, existe tal como lo describe Ambrosio de Morales y es el que recibe el cariñoso nombre de «el Santiaguiño».

En la iglesia parroquial, bajo el altar mayor, se conserva un poste de piedra —«pedrón»— probable ara romana donde, según la leyenda, fue amarrada la barca que transportaba los restos del

◀ *La Rúa del Villar.*

Apóstol. Cerca de la parroquia una monumental fuente gotea recuerdos jacobeos: Santiago, según la fantasía popular, hizo brotar sus aguas para convencer a sus recalcitrantes oyentes.

FINISTERRE

En la parte más occidental de la tierra entonces conocida, límite geográfico del mundo antiguo, frontera entre la realidad y la leyenda, el perfil del cabo de Finisterre asombra nuestras pupilas. Es uno de los grandes mitos de la antigüedad, símbolo de la vida y de la muerte: el sol —fuente de vida—, muere cada tarde en el mar de Finisterre, como lo hiciera hace siglos ante las asombradas legiones romanas de Decio Bruto «llenas de religioso temor»; pero vuelve

La iglesia de Santa María, en Padrón, a orillas del Sar, cuyas aguas evocan el nombre imperecedero de Rosalía de Castro.

a nacer cada mañana, rasgando la fría noche con los rayos ardientes de su luminosa resurrección. Aquí, frente al mar tenebroso, estuvo una de las tres «Ara solis», donde se ofrecía el postrer sacrificio al sol en su ocaso.

«Ara solis», ritos de fecundación y paso misterioso de mitológicas ballenas han cedido su puesto a Santa María de Finisterre, al Cristo «da barba dourada», a la tensa ceremonia del «Desenclavo» en los Viernes Santos, y a la antigua y dramática «Danza de los palillos» en el Domingo de Resurrección. Hasta aquí llegaron las fórmulas de regeneración cristiana predicadas por Santiago. Muchos peregrinos jacobeos concluían su peregrinación en Finisterre, a donde llegaban siguiendo la calzada romana por Puente Olveira, Cée y Corcubión.

Santiago de Compostela. El Obradoiro de noche: prolongación vertical del Camino, que se aúpa y va a unirse a su otra ruta hermana; la Vía Láctea de las estrellas.

Epílogo

NOCTURNO EN EL OBRADOIRO

*«También la piedra, si hay estrellas, vuela.
Sobre la noche biselada y fría,
creced, mellizos lirios de osadía,
creced, pujad torres de Compostela.»*

Bello contrapunto poético de Gerardo Diego a esa imagen espléndida del Obradoiro, símbolo y meta de nuestra peregrinación.

Dice don Ramón del Valle Inclán que en Compostela «las almas todavía guardan los ojos atentos para el milagro...»

En el mar de la vida las olas de lejanos siglos fueron empujando, pulso a pulso, con fuerza y tesón, hasta el final de la tierra, esta vieira de Compostela, enriquecida por la fe, bruñida por la cultura y ornada por el arte de Europa entera.

Las torres del Obradoiro figuran dos veredas de luz que perforan el terciopelo de la noche compostelana y van a unirse a su otra ruta hermana, la galaxia resplandeciente de la Vía Láctea, que traduce en lenguaje sideral este Camino que hemos recorrido y cuyo nombre perdurará eternamente:

EL CAMINO DE SANTIAGO.

INFORMACIÓN PRÁCTICA EL CAMINO DE SANTIAGO
INFORMATION PRATIQUE LE CHEMIN DE SAINT-JACQUES
PRACTICAL INFORMATION THE WAY TO SANTIAGO
PRAKTISCHE HINWEISE DER PILGERWEG NACH SANTIAGO

ALOJAMIENTOS
LOGEMENTS
ACCOMODATION
UNTERKÜNFTE

HOTELES
HOTELS
HOTELS
HOTELS

Canfranc

ARA. Fernando el Católico, 1. H*
VILLA ANAYET. José Antonio, 8. H*
INTERNACIONAL. Renfe. H**

Jaca

GRAN HOTEL. Paseo del General Franco, 1. HR***
CONDE DE AZNAR, General Franco. H**
LA PAZ. Mayor, 41. HR**
PRADAS. Obispo, 12. HR**
MUR. Santa Orosia, 1. H*
ABETO, EL. Bellido, 15. HR**

Roncesvalles

CASA SABINA. Ctra. Pamplona Francia, km 48. HR**

Pamplona

LOS TRES REYES. Jardines de la Taconera, s/n. H*****
CIUDAD DE PAMPLONA. Iturrama, 21. HR***
NUEVO HOTEL MAISONAVE. Nueva, 20. H***
ORHI. Leyre, 7. HR***
ESLAVA. Plaza Virgen de la O, 7. HR**
YOLDI. Avda. San Ignacio, 11. H**
LA PERLA. Plaza del Castillo, 1. HR*
VALERIO. Avda. de Zaragoza, 5. H**

Sangüesa

YAMAGUCHI. Carretera de Javier. H**

Puente la Reina

MESÓN EL PEREGRINO. Ctra. Pamplona-Logroño, km 23. H**

Estella

TATÁN. San Francisco de Asís, 3. HR*
SAN ANDRÉS. José Antonio, 1. HR*

Logroño

CARLTON RIOJA. Gran Vía, 5. HR****
GRAN HOTEL. General Vara de Rey, 5. H***
MURRIETA. Marqués de Murrieta, 1. H***
EL CORTIJO. Ctra. del Cortijo, km 2. H**
ISASA. Doctores Castroviejo, 13. HR*
TRES MARQUESES, LOS. Ctra. Zaragoza, km 8. H*
LA NUMANTINA. Sagasta, 4. HR***
LAS ÁNIMAS. Marqués de Vallejo, 8. H**
PARÍS. José Antonio, 4. H**

Nájera

SAN FERNANDO. Paseo A. Martín Gamero, 1. H**

Santo Domingo de la Calzada

PARADOR NACIONAL. Plaza del Santo, 3. H***
SANTA TERESITA. General Mola, 2. H*
RÍO. Etchegoyen, 2. HR*

Burgos

LANDA PALACE. Ctra. Madrid-Irún, km 236. H*****
ALMIRANTE BONIFAZ. Vitoria, 22 y 24. H****
CONDESTABLE. Vitoria, 8. H****
CORONA DE CASTILLA. Madrid, 20. H***
FERNÁN GONZÁLEZ. Calera, 17. H***
ESPAÑA. Paseo del Espolón, 32. H**
NORTE Y LONDRES. Plaza Alonso Martínez, 10. HR**
ASUBIO. Carmen, s/n. HR***
RICE. Avda. Reyes Católicos, F-4. HR***
AUTO ESTACIONES. Miranda, 4. HR**
ÁVILA. Almirante Bonifaz, 13. H**
BURGALÉS. San Agustín, 7. H**
CARLOS V. Plaza de Vega, 36. H**
CORDÓN. Cordón, 4. H**
LA FLORA. Huerto del Rey, 18. HR**
HERMANOS ALONSO. Llana de Afuera, 5. HR**
HILTON. Vitoria, 165. H**
JUARREÑO. Santa Clara, 29. HR**
LAR. Cardenal Benlloch, 1. HR**
MANJÓN. Conde Jordana, 1. H**
MARTHA. General Mola, 18. H**
MODERNO. Queipo de Llano, 2. H**
NIZA. General Mola, 12. HR**
ORTEGA. Madrid, 1. H**
RODRIGO. Avda. del Cid, 42. HR**
SOLAS. Vitoria, 184. HR**
TESORERA, LA. Vitoria, 79. HR**
VILLA JOSEFA. Paseo de Los Pisones, 47. HR**

Frómista

SAN TELMO. Martín Viña, 8. HR*

Carrión de los Condes

FONDA CASTILLA.
FONDA SÁEZ.
FONDA TRES HERMANOS.

León

SAN MARCOS. Plaza de San Marcos, 7. H*****
CONDE LUNA. Independencia, 5. HR****
OLIDEN. Plaza de Santo Domingo, 1. HR**

QUINDOS. Avda. José Antonio, 24. HR**
RIOSOL. Avda. Palencia, 3. H**
CARMINA. Independencia, 29. H*
PARIS. Generalísimo, 20. H*
REINA. Puerta de la Reina, 2. HR*
DON SUERO. Suero de Quiñones, 15. HR**
OCERÍN. Fuero, 2. HR**
OREJAS. Villafranca, 8. H**
REINO DE LEÓN. Martín Sarmiento, 10. HR**

Hospital de Órbigo

PASO HONROSO. Ctra. León-Astorga, km 33. HR**
AVENIDA. José Antonio, 31. HR*

Astorga

CADENAS, LAS. Pío Gullón, 8. H**
GALLEGO. Avda. Ponferrada, 28. HR**
SAN NARCISO. Ctra. Madrid-La Coruña, km. 325. HR**

Ponferrada

DEL TEMPLE. Avda. Portugal, 2. HR***
CONDE SILVA. Ctra. Madrid-La Coruña, 2. HR**
MADRID. Avda. José Antonio, 46. H**
LISBOA. Jardines, 5. H**
MARÁN. Antolín López Peláez, 29. HR**
SAN JORGE. Marcelo Macías, 4. H**

Villafranca del Bierzo

PARADOR NACIONAL. Avda. Calvo Sotelo, s/n. H***
COMERCIO. Puente Nuevo, 2. H*
CRUCE, EL. San Salvador, 37. H*
LA CHAROLA. Dr. Arén, 19. HR*
PONTERREY. Dr. Arén, 17. HR*

El Cebrero (Piedrafita)

SAN GIRALDO DE AURILLAC. HR**

Sarria

LONDRES. Calvo Soleto, s/n. H**

Portomarín

PARADOR NACIONAL. Portomarín. H**

Santiago de Compostela

LOS REYES CATOLICOS. Plaza de España, 1. H*****
COMPOSTELA. General Franco, 1. HR***
PEREGRINO. Avda. Rosalía de Castro, s/n. HR***
GELMÍREZ. General Franco, 92. HR**
LA PERLA. Avda. Figueroa, 10. HR*
UNIVERSAL. Plaza Galicia, s/n. HR*
CANTABRICO. Senra, 13. H**
ESPAÑA. Rúa Nueva, 40. H**

FORNOS. Hórreo, 7. HR**
GALICIA. Alférez Provisional, 3. HR**
MARIA MEDIADORA. República El Salvador, 16. HR**
MAYCAR. Dr. Teijeiro, 15. HR**
MÉXICO. República Argentina, 33. HR**
MIÑO. Montero Ríos, 10. HR**
LA PAZ. República El Salvador, 23. H**
RAPIDO, EL. Franco, 22. HR**
LA SENRA. General Mola, 13. HR**
SURIÑA. General Mola, 1. HR**
SUSO. Rúa del Villar, 65. HR**
TOURINO II. Rúa Nueva, 2. HR**
VIRGEN DE LA ROCA. Huérfanos, 34. H**

GASTRONOMÍA
GASTRONOMIE
GASTRONOMY
GASTRONOMIE

RESTAURANTES
RESTAURANTS
RESTAURANTS
RESTAURANTS

Canfranc

CHOCO-CHIKI. Estación, s/n.
UNIVERSO. General Franco, s/n.

Jaca

ARAGON. San Nicolás, 3.
CASA PACO. La Salud, 8.
CUBA, LA. Gil Berges, 8.
GALINDO. Mayor, 43.
HOSTAL DE OROEL. Mayor, 2.
JOSÉ. Avda. Domingo Miral, s/n.
LAURENTINO. Ramón y Cajal, 5.
MIGUEL. Zocotín, 11.
PALACIO DE CONGRESOS. Avda. Juan XXIII, 17.
PRADAS. Obispo, 12.
SANZ. Plaza de San Pedro, 3.
SOMPORT. Avda. Primo de Rivera, 1.
UNIVERSAL. Campoy Irigoyen.
VIVAS. Gil Berges, 3.

Pamplona

HOSTAL DEL REY NOBLE. Saraseta, 6.
ALHAMBRA. Bergamín, 7.
AZKOYEN. Gayarre, 2.
CASTILLO DE JAVIER. Bajada de Javier, 2.
GRILL DON PABLO. Navas de Tolosa, 19.
IRUÑAZARRA. Mercaderes, 15.
JOSETXO. Estafeta, 73.
MAITENA. Plaza del Castillo, 12.
MESÓN DEL CABALLO BLANCO. Redín, s/n.
MEKONG. Travesía de Bayona, 3.

ORIO. Bajada de Javier, 13.
OR KONPON OSTATUA. Monasterio de la Oliva, s/n.
RODERO. Arrieta, 3.
SARASETE. Garcia Castañón, 12.
SHANTI. Mártires de la Patria, 39.
VISTA BELLA. Jardines de la Taconeria.
AMOSTEGUI. Pozoblanco, 20.
ASADOR IRACHE. Monasterio Irache, 23.
ASADOR OLAVERRI. Santa Marta, 4.
BASABURUA. Ansoleaga, 20, 2.º
BASERRI. San Nicolás, 32.
BIDASOA. García Ximénez, 3.
BOXXOX. Padre Barace, 3.
CASA FLORES. Estafeta, 85.
CASA MARCELIANO. Mercado, 7 y 9.
CASA MAULEÓN. Amaya, 4.
CASA OTANO. San Nicolás, 5.
EL ASADOR. Calderería, 7.
EL MOSQUITO. Travesía San Alberto, 3.
ERBURA. San Lorenzo, 19.
ESPAÑA. Plaza de la Estación, 6.
HARTZA. Juan de Labrit, 29.
JUAN MARIA. Mercaderes, 18.
KOISHTA. Olite, 15.
LA BALLENA VERDE. Prol. Monasterio de la Oliva, 2.
LA MOSTAZA. Pintor Asenjo, 2.
LA TABERNA VASCA. San Agustín, 4.
LOS AMIGOS. Errotazar, s/n.
MENDI. Las Navas de Tolosa, 9.
MESÓN DE LA NAVARRERIA. Navarrería, 15.
SAMURAY. Nicanor Beistegui, 8.
SAN FERMIN. San Nicolás, 44 1.º
SAN NICOLAS. San Nicolás, 19.
SIXTO. Estafeta, 81.
TOMÁS. Monasterio de Iranzu, 6.
TUDELA. Tudela, 9.
TXOKO BERRI. Erletoquieta, 6.
URDAX. Monasterio de Urdax, 45.
VENTA DE ANDRÉS. Aróstegui, 2.
YABEN. Pozoblanco, 24.
ZARAGOZA. Milagrosa, 60.
AUTOSERVICIO ESTAFETA. Estafeta, 57.
AUTOSERVICIO JARAUTA. Jarauta, 63.

Sangüesa

LAS NAVAS. Mediavilla, 7.

Puente la Reina

ASADOR EUNEA.
GARES.
LA CONRADA.

Estella

LA CEPA. Plaza de los Fueros, 15.
MIRACAIBO. Plaza de los Fueros, 22.
EL BORDÓN. San Andrés, 6.
ASADOR IRACHE. Complejo Irache (Ayegui).
ASADOR IZASKUN. Navarrería, 41.

IZARRA. Calderería, 19.
OBEKI. San Pol.
RICHAR. Yerri, 10.
TIXOKO. Navarrería, 8.

Logroño

LA MERCED. Marqués de San Nicolás, 136.
VILLA IREGUA. Avda. Madrid, s/n.
EL CHATO. Bretón de los Herreros, 8.
DOLAR. Marqués de Murrieta, 50.
VICTORIANO. Bretón de los Herreros, 8.
BILBAO. Marqués de San Nicolás, 62.
CACHETERO. Laurel, 3.
CARABANCHEL. San Agustín, 2.
CASABLANCA. Avda. España, 10.
CASA FERNANDO. San Agustín, 3.
CASA CECILIO. Peso, 5.
IRUÑA. Laurel, 8.
LA MATA. Vitoria, 26.
MATUTE. Laurel, 6.
MESON PEPA. Ctra. Zaragoza, km 3.
NIZA. Capitán Gallarza, 3.
LA OVEJA NEGRA. Avda. Perez Galdós, 63.
EL RELICARIO. Marqués de San Nicolás, 69.
SAN REMO. Avda. España, 2.
TANGER. Avda. España, 6.
TIZONA. Avda. Colón, 53.
LA VIGA. Rodriguez Paterna, 6.
VILLA ISABEL. Norte, s/n.
ZESAR. Oviedo, 15.

Nájera

PALACIOS. General Mola, 7.
PERICA. Plaza Queipo de Llano, 1.
FUENTE ARENZANA. Cruz, 1.

Santo Domingo de la Calzada

LA EIBARRESA. Hermosilla, 19.
LA EIBARRESA. San Roque, 18.
EL RINCON DE EMILIO. Generalísimo, s/n.
PITONA. Beato Hermosilla, 29.
EL VASCO. General Franco, 15.

Burgos

LANDA. Crta. Madrid-Irún, km 236.
PINEDO. Espolón, 1.
CASA OJEDA. Vitoria, 3.
PUERTA REAL. Casa del Rey San Fernando.
LOS CHAPITELES. General Santocildes, 7.
ARRIAGA. Lain Calvo, 4.
BOFIN. Cadena y Eleta, 1.
ESTACION DE AUTOBUSES. Miranda, 4.
GAONA. Paloma, 41.
GARRILLETI. San Lesmes, 2.
LA MORENA. Merced, 3.
MESÓN DE LOS INFANTES. Corralón de los Infantes.
RICARDO. San Lesmes, 1.

RINCON DE ESPAÑA. Conde Jordana, 2.
EL PEREGRINO. Hospital Militar, s/n.
PAPAMOSCAS. Llana de Afuera.
LOS GIGANTILLOS. Avda. del Cid, 19.
ACHURI. Moneda, 33.
AMBOS MUNDOS. Plaza de Vega, 37.
AEROPUERTO. Villafría de Burgos.
ARRIBAS. Defensores de Oviedo, 6.
BAMBU. Huerto del Rey, 3.
CARRALES. Puente Gasset, 4.
CASA PEPE. San Cosme, 22.
CASTILLA. Plaza de Vega, 8.
COPACABANA. Carretera de Logroño.
ENCARNA. Huerto del Rey, 17.
FORNOS. Merced, 12.
FUENTES BLANCAS. Parque Fuentes Blancas.
HOGAR DE LA RIOJA. Lain Calvo, 37.
MADRID. San Pablo, 14.
MAYORAL. San Pablo, 16.
MIAMI. Vitoria, 53 bis.
MIRAFLORES. Cartuja, 4.
EL MORENO. La Ventilla.
NERVION. Avda. del Cid, 1.
PARIS. Vitoria, 43.
POLVORILLA. Plaza Calvo Sotelo, 10.
ROBERTO CANDUELA. Villafría.
SEDANO. Avda. del Cid, 45.
SUR. Defensores de Oviedo, 3.
LA TERRAZA. Pisones, 1.
LA TESORERA. Vitoria, 79.
VEGAS. Villafría de Burgos.
LAS VEGUILLAS. Paseo de La Quinta.
LA VENTILLA. La Ventilla.
VILLALUENGA. Lain Calvo, 20.
ASADERO CABORNERO. Vitoria, 229.
JOMA. Plaza Rey San Fernando.
SAN FRANCISCO. San Francisco, 4.
SAN CRISTOBAL. Ctra. Madrid, 10.
LA BODEGA. Ctra. Madrid-Irún, km 235.
AITOR. Madrid, 69.
EL PEREGRINO. Hospital Militar, s/n.
ZATORRE. Burguense, 24.

Frómista

HOSTAL LOS PALMEROS.

Villalcázar de Sirga

MESON VILLASIRGA. Plaza del Generalísimo, s/n.

Carrión de los Condes

MESON PISARROSAS. Piña Blasco, 27.

Sahagún

LA CODORNIZ. Avda. José Antonio, 93.
LUNA. Avda. José Antonio, 35.
SERGIO. Plaza Generalísimo, 7.

Mansilla de las Mulas

CASA MARCELO. Postigo, 1.

EL HÓRREO DEL TÍO FAÍCO. Avda. Valladolid, 58.
LOS ASTURIANOS. Ctra. Madrid, s/n.

León

ADONIAS POZO. Santa Nonia, 16.
ALCAZAR. Alcázar de Toledo, 8.
LOS CANDILES. Avda. Independencia, 11.
BODEGA REGIA. Plaza San Martín, 8.
CASA POZO. Plaza San Marcelo, 15.
CASA TEO. La Iglesia, 17. (San Andrés.)
EL APERITIVO. Fuero, 3.
EL DOS DE MAYO. Rúa, 5.
EL EJE. San Juan de Dios, s/n. (San Andrés.)
EL PALOMO. Escalerilla, 8.
EL PARAISO. Avda. Rodriguez Pandiella, s/n. (Trobajo del Camino.)
EL PASO. Avda. Madrid, 114.
EL SELLA. Juan Madrazo, 2.
EMPERADOR. Santa Nonia, 2.
FORNOS. Cid, 8.
GUZMÁN. L. Castrillón, 6.
LA BARRA. Avda. Palencia, 2.
LAS MÉDULAS. Avda. Madrid, 10.
LOS ÁNGELES. Ctra. León-Astorga, 6. (Trobajo del Camino.)
MESÓN GABI. Ponce de Minerva, 11.
MESÓN LAR GALLEGO. Rúa, 24.
MESÓN SAN MARTIN. Plaza San Martín, 8.
NOVELTY. Avda. Independencia, 2.
PABLO. Avda. División Azul, 7. (Armunia.)
PEÑA URBIÑA. Avda. Madrid, 20.
QUINDÓS. Avda. José Antonio, 24.
RUTA ASTURIAS. Ctra. Asturias, s/n.
SOTOMAYOR. Avda. Ramón y Cajal, 9.

Hospital de Órbigo

AVENIDA. Avda. José Antonio, 31.
ÓRBIGO. Puente de Órbigo, s/n.
PASO HONROSO. Ctra. León-Astorga, s/n.

Astorga

CORUÑA. Avda. Ponferrada, 22.
DELFÍN. Ctra. Madrid-La Coruña, s/n.
EL MARAGATO. Peñicas, s/n.
GARCIA. Bajada del Postigo, 5.
LA PEREGRINA. Ctra. de Santa Colomba, s/n.
LA PESETA. Señor Ovalle, 6.
QUIÑONES. Celada de la Vega, s/n.
PEÑICAS. Peñicas, s/n.
RIO. Señor Ovalle, 4.
TELENO. Duque de Ahumada, 3.
VIRGINIA. Plaza General Santocildes, 16.

Ponferrada

A. PALLOZA. Vía Nueva, 1.
AUTO BAR. Onésimo Redondo, 4.
BAHIA. Pasaje Matachana, 5.
EL MESÓN REAL. Molinaseca, s/n.
ESTACIÓN RENFE. Estación, s/n.

FONTEBOA. Ctra. Madrid-La Coruña, 91.
MONTEMAR. Avda. Astorga, 3.
NIZA. Plaza de Julio Lazurtegui, 2.
OLEGO. Fernando Miranda, 4.
RIO GRANDE. Marcelo Macías, 8.
RIOS BAJOS. Cervantes, 16.
ROMA. Batalla de Lepanto, 6.
RUGANTINO. Fueros de León, s/n.
SAN MIGUEL. Luciana Fernández, 2.
TEMPLE. Avda. Portugal, 2.

Cacabelos

GATO. Avda. José Antonio, 85.
LA RUTA. Calvo Sotelo, 13.

Villafranca del Bierzo

LA CHAROLA. Doctor Arén, 19.
PONTERREY. Doctor Arén, 17.
STOP. El Salvador, 36.
VENECIA. Ctra. General, s/n.

El Cebrero (Piedrafita)

SAN GIRALDO DE AURILLAC. Cebrero, s/n.

Triacastela

PIÑEIRO. Avda. Generalísimo, 12.

Sarria

EL FARO. Diego Pazos, 51.
LITMAR. Calvo Sotelo, s/n.
MESÓN DA CARRETA. Ctra. Samos, 161.

Portomarín

PEIXE. Portomarín, 23.
POSADA DEL CAMINO. Plaza Mayor, s/n.

Santiago de Compostela

RELAIS HOTEL REYES CATÓLICOS. Plaza de España, 1.
ALAMEDA. Avda. de Figueroa, 15.
AMOR. Rosalía de Castro, 96.
MARISQUERÍA RESTAURANTE ANEXO VILLAS. Avda. de Villagarcía, s/n.
ARZUANA, LA. Calle del Franco, 28.
AS DE COPAS. Rosalía de Castro, 100.
ASESINO. Plaza del Instituto, 16.
AEROPUERTO. Aeropuerto Labacolla.
BOMBERO, EL. Calle del Franco, 57.
DON GAIFEROS. Rúa Nueva, 23.
CASERIO., E. Bautizados, 13.
CUBA, A. Gral. Franco, 49.
CONTINENTE, EL. Salgueriños, 5.
CRECHAS, LAS. Eduardo Pondal, 8.
ESTANCO, EL. Gral Franco, 26.
FRANCO, EL. Calle del Franco, 28.
FORNOS. Gral. Franco, 24.
MONTERREY. Fontiñas, 33.
NOYESA, A. General Pardiñas, 3.
PASAJE, EL. Calle del Franco, 54.

PATIO, EL. Calle del Franco, 33.
PAZ NOGUEIRA. Castileiriño, 24.
PICO SACRO. San Francisco, 8.
RAPIDO, EL. Calle del Franco, 22.
SAN CLEMENTE. San Clemente, 6.
SAN JAIME. Raíña, 4.
SANTA COMBA. Calle del Franco, 20.
SUBMARINO. Calle del Franco, 49.
SIXTO. Calle del Franco, 43.
T. B. Estación de Autóbuses.
TACITA DE ORO. Gral. Franco, 31.
VILAS. Rosalía de Castro, 88.
VICTORIA. Bautizados, 5.

ESTACIONES DE SERVICIO
STATIONS SERVICE
PETROL STATIONS
TANKSTELLEN MIT SERVICE

JACA. Ctra. Zaragoza-Francia, km 159,5.
PAMPLONA. Pl. Príncipe Viana.
PAMPLONA. Avda. de Zaragoza.
PAMPLONA. Barrio de la Magdalena.
PAMPLONA. Avda. Carlos III, 33.
PAMPLONA. Ctra. Tudela-Zaragoza.
SANGÜESA. Calle Mayor, 16.
PUENTE LA REINA. Ctra. Pamplona-Logroño, km 23,6.
ESTELLA. Ctra. Pamplona-Logroño, km 45.
ESTELLA. Inmaculada, 14.
VIANA. Ctra. Medinaceli-Pamplona, km 81,4.
LOGROÑO. Avda. del General Franco-Ctra. Zaragoza.
LOGROÑO. Calle de Vara del Rey.
LOGROÑO. Ctra. Zaragoza-Miranda de Ebro, km 163.
LOGROÑO. Ctra. Madrid-Pamplona, km 332, 6.
LOGROÑO. Ctra. Logroño-Cabañas, km 1,7.
LOGROÑO. Ctra. Vinaroz-Vitoria-Santander, km 9,6.
LOGROÑO. Ctra. Medinaceli-Pamplona-San Sebastián, km 336.
NAVARRETE. Ctra. Vinaroz-Vitoria-Santander, km 6,7.
NÁJERA. Calle Calvo Sotelo, 3.
NAJERA. Ctra. Burgos-Logroño, km 88,4.
SANTO DOMINGO DE LA CALZADA. Ctra. Burgos-Logroño, km 69.
SANTO DOMINGO DE LA CALZADA. Ctra. Logroño-Burgos-Vigo, km 43,9.
BURGOS. Calle Madrid, 45.
BURGOS. Ctra. Burgos-Valladolid, km 1,2.
BURGOS. Ctra. Madrid-Irún, km 240.
BURGOS. Ctra. Madrid-Irún, km 233,9.
BURGOS. Ctra. Madrid-Irún, km 235,1.
BURGOS. Ctra. Burgos-Portugal, km 1,1.
FRÓMISTA. Ctra. Palencia-Santander, km 41,7.
CARRIÓN DE LOS CONDES. Ctra. Palencia-Pinamayor, km 278,7.
CARRIÓN DE LOS CONDES. Ctra. Logroño-Vigo, km 200,1.

SAHAGUN. Ctra. Sahagún-Palencia, km 0,1.
MANSILLA DE LAS MULAS. Ctra. Adanero-Gijón, km 308,5.
LEÓN. Ctra. Adanero-Gijón, km 325,150.
LEÓN. Calle Suero Quiñones.
LEON. Ctra. Madrid-León, km 324.
HOSPITAL DE ORBIGO. Ctra. León-Astorga, km 30,7.
ASTORGA. Plaza de Porfirio López.
ASTORGA. Ctra. Madrid-La Coruña, km 326.
PONFERRADA. Comendante Manso.
PONFERRADA. Ctra. Madrid-La Coruña, km 393,7.
PONFERRADA. Ctra. Madrid-La Coruña, km 390,3.
CACABELOS. Ctra. Madrid-La Coruña, km 406.
VILLAFRANCA DEL BIERZO. Pl. Constitución, 27.
SAMOS. Ctra. Triscantela-Piedrafita, km 13,2.
SARRIA. Ctra. Samos-Sarria, km 0,8.
SARRIA. Ctra. Lugo-Orense, km 23,8.
PORTOMARÍN. Ramal de la N-540 a Portomarín.
SANTIAGO. Ctra. La Coruña-Santiago, km 61,9.
SANTIAGO. Ctra. La Coruña-Vigo, km 63,4.
SANTIAGO. Ctra. Enlace Orense-Santiago.
SANTIAGO. Ctra. La Coruña-Tuy, km 67,9.

INDICE

Pág.

Prólogo.. 4

Historia de la Peregrinación:
Peregrinar. Un sepulcro. Peregrinos. Hábito del Peregrino. Asistencia al peregrino. La primera guía turística y la primera agencia de Viajes. Picaresca de la peregrinación.... 6

Arte en la peregrinación:
Arquitectura. Escultura. Pintura. Música. Iconografía de Santiago... 16

Caminos para la peregrinación:
En Francia. En España. Ruta de la Costa Cantábrica. Vía de la Plata. Cataluña y Aragón. Rutas del Mar y Camino Francés.. 30

Camino Navarro:
Ostabat. San Juan de Pie de Puerto. Valcarlos. Puertos de Cisa. Roncesvalles. Pamplona. De Somport a Puente la Reina. Puente la Reina. Puente sobre el Salado. Estella. Irache. Torres del Río. Viana. Logroño. Clavijo. Nájera.. 38

Camino Castellano-Leonés:
Santo Domingo de la Calzada. Villafranca. Montes de Oca. San Juan de Ortega. Burgos. De Tardajos a Hontamas. Castrojeriz. Frómista. Villalcázar de Sirga. Carrión de los Condes. Sahagún. Mansilla de las Mulas. León. Virgen del Camino. Hospital de Orbigo. Astorga. Rabanal del Camino. Foncebadón. «La Cruz de Ferro».................... 76

Camino Gallego:
Ponferrada. El Bierzo. Cacabelos. Villafranca del Bierzo. El Cebrero. Triacastela. Samos. Sarria. Barbadelo. Portomarín. Lameiros y Ligonde. Vilar de Donas. Palas del Rey. Mellid. Lavacolla. Monte del Gozo.................... 118

SANTIAGO DE COMPOSTELA:
Pórtico de la Gloria. Interior de la Catedral. Itinerario compostelano del peregrino............................. 142

Padrón.. 157

Finisterre.. 158

Epílogo. Nocturno en el Obradoiro....................... 160

Información Práctica.................................... 161